孙子兵法全球行系列丛书

《孙子兵法》与世界和平

韩胜宝　主编

古吴轩出版社
中国·苏州

学者的认可：向世界介绍中国的优秀文化，在海内外双向传播孙武及其兵法的理论、学术和实践活动，进一步架起与世界沟通的桥梁，促进世界的和平与发展，这正是“孙子兵法全球行”的意义所在。

本系列丛书是面向大众的人文社科普及读物。用全球的视角诠释孙武，用世界的眼光解读兵法，真实再现了中华文明结晶如何走出国门、影响世界。

目录

第二章　孙子伐交与世界和平

第一章　用孙子思想反思战争

古罗马斗兽场“上兵伐斗”

野兽咆哮，斗士呐喊，刀光剑影，腥风血雨。2000多年前在古罗马斗兽场，曾上演了一幕幕“上兵伐斗”的惊心动魄的人兽大战。在斗兽场建成后的持续100天里，伴随野蛮的喊杀声和疯狂的喝彩声，9000头猛兽与3000名角斗士“斗”得两败俱伤、同归于尽。

据介绍，罗马斗兽场是在公元72年，罗马皇帝韦帕芗为庆祝征服耶路撒冷的胜利，由被迫沦为奴隶的10万犹太和阿拉伯俘虏用八年时间建造起来的。斗兽场占地面积约两万平方米，可以容纳近九万观众，是古罗马帝国专供野蛮的奴隶主、贵族观看斗兽或奴隶角斗的地方。罗马贵族最喜爱对血淋淋的角斗场面作壁上观。

这是最残酷的格斗和搏杀，也是超级屠杀表演，参加的角斗士要与一只野兽搏斗，直到一方死亡为止。也有人与人之间的搏杀。角斗士通过“活命门”进入角斗场。他们用盾牌保护自己，剑折断了就几乎意味着百分之百会被杀死。更有甚者，在斗兽场里注满水，放入鳄鱼，一场人与鳄鱼的海战在这里展开。

当时罗马还出现了专门培训角斗士的角斗学校，一共有四所学校，可以容纳2000名角斗士，由斗兽场提供资金。其实，这些学校是训练营和监狱的组合体，因为绝大多数的角斗士都是来自罗马帝国各个地方的奴隶和俘虏，他们没有任何自由和权利。

据学者估计，有70万人在斗兽场中丧生。死在这里的有角斗士、罪犯、士兵、普通平民，甚至还有妇女和儿童。所有这些人都是在众目睽睽之下死去的，他们的尸体从罗马帝国最宏伟的角斗场大门被抬出去。有人形容说，只要你在角斗台上随便抓一把泥土，放在手中一捏，就可以看到印在掌上的斑斑血迹。

“斗者无域，纷争不息。”罗马斗兽场上演“上兵伐斗”，罗马帝国向外扩张也同样上演“上兵伐斗”，“斗”得尸横遍野，血流成河。到了公元前2世纪，罗马成为地跨欧、亚、非三洲的强大帝国。然而，正是罗马斗兽场角斗士斯巴达克领导了奴隶大起义，震撼了整个意大利，加速了罗马帝国的灭亡。

斗兽场的命运是与罗马帝国的命运紧密相连的，随着罗马的陷落，斗兽场也衰败了，它是西方世界最强大而又最野蛮的一个大帝国盛衰的见证。正如英国“史学之父”比德所慨叹的，“斗兽场站立，罗马就站立；斗兽场倒下，罗马也倒下”。

有学者称，同在2000多年前，中国古代的孙子提出“上兵伐谋，其次伐交，其次伐兵”，也就是上兵伐谋，中兵伐策，下兵伐斗。用兵的最高境界是使用智谋而非斗力，是主张中和而非搏杀。罗马帝国如同罗马斗兽场一样，“上兵伐斗”，终究被“斗”成断垣残壁。

古罗马斗兽场

韩国战争纪念馆昭示和平

韩国战争纪念馆坐落于首尔龙山区龙山洞，与韩国国防部相毗邻，为世上最大规模的战争主题纪念馆，以收集、保存和展出朝鲜战争的史料为宗旨。

走进战争纪念馆大门，迎面是一座战争造型塔，它像两柄带血的刺刀或一颗巨型子弹指向天空，形象地揭示了战争的记忆残存在刺刀和子弹之间，同个民族分隔两端，时刻面临骨肉残杀。

战争纪念馆外的露天展览场陈列着包括B-52战略轰炸机在内的飞机、战车、野战炮、导弹等150多个大型武器装备。战争纪念馆内有收藏库，所存放的与战争相关的资料和遗物达17800件之多。

战争纪念馆的正前方，飘扬着参与朝鲜战争的联合国军所在国的国旗。露天展览场摆放了极具历史意义的纪念物，其中最著名的有“广开土大王碑”、“兄弟像”、“韩战纪念碑”和“战死者名碑回廊”等一系列建筑与雕塑作品。

兄弟铜像模型表现了战争情景：哥哥是韩国军官，弟弟是人民军士兵，在战场上戏剧性相逢，在分裂的半球上紧紧相抱，以此来慰抚南北分裂局面带来的伤痛和骨肉不能团聚的民族悲剧。铜像拱顶分裂象征南北分裂，天花板上连接的铁链寄托实现统一的心愿。

韩国战争纪念馆兄弟铜像模型，兄弟俩在分裂的半球上紧紧相抱

进入纪念馆两旁的走廊，

韩国战争纪念馆和平广场外围矗立着和平钟楼，两位少女像天使般呵护着和平之钟

但见两侧都是黑色石碑，刻着在朝鲜战争中阵亡的士兵的名字，每块石碑下都摆放着花篮。每条长廊中间都有一张桌子，上面摆放着几本厚的士兵名册，这里每个名字都铭刻着生死永隔、家破人亡。

“韩国战争馆”是全馆的重头戏，全景式证录朝鲜战争的历史，再现了那段不堪回首的同文字同种族的双方厮杀的战争场景，反映了战时国民多灾多难的生活场面。“护国悼念室”陈列着一排排朝鲜战争中战死的韩国官兵灵牌，给参观者带来心灵的巨大震撼。

有意思的是，在战争纪念馆内，展出了不少中国古代兵书。孙子远在2500年前就崇尚“非战”、“慎战”。令人感叹的是，朝鲜战争有十多个国家参与其中，杀得昏天黑地、尸横遍野，前后打了整整三年，双方都付出巨大的代价，最终战前的分界线依然是战后的分界线。

走出展馆，映入眼帘的是宽阔雄浑的和平广场，四周花草树木郁郁葱葱，象征着和平、幸福的花开得正艳。广场外围依次矗立着和平钟楼，两位少女像天使般呵护着和平之钟。战争纪念馆内的“和平厅”已成为结婚的殿堂。

韩国战争纪念馆向世人表达了战争对本国人民造成的深重灾难，昭示和平。正如韩国学者黄载皓对记者说的：“韩国战争纪念馆应改名为和平纪念馆。”

越南战争博物馆揭示“慎战”

海防被空袭后背着多个孩子泅渡的母亲、公路上奔跑着的被汽油弹烧伤的赤裸女孩、泡在福尔马林里的畸形胎儿、战壕内握着残肢号哭的战士、奄奄一息的美国士兵、逃难的母亲和她的孩子绝望的眼神……一幅幅惨不忍睹、震撼人心的作品，让人产生极强的恐惧感和伤痛感，反战情绪油然而生。

越南战争证迹博物馆坐落于胡志明市武文频街28号，此地曾是美国情报局旧址，该馆原名为美军罪恶馆。这里记载了越南近代历史上非常沉重的一页——越南战争，即越南人所说的抗美救国战争，是一座将越南战争的伤痕如实展示出来的博物馆。

整个展览通过展出武器、战地照片、受害者战后生活图片及儿童绘画，并配以冷静的叙事性文字，来描述越战期间美军如何以先进武器、不人道手法来杀害越南人，如松美村大屠杀事件、越战中美军各种破坏行为和暴行，再现出惨绝人寰的“战争罪行”。极具讽刺的是，这些描述美军暴行的图片绝大多数是来自美国。

越战期间，美国倾其全力，动用了强大的陆海空军力量，南打北炸，战火燃遍越南南北两地全境。越南经济萧条，百姓流离失所，城市乡村、工厂学校满目疮痍，颓垣断壁随处可见。北方地区，偶进村镇，举目皆妇孺，难见青壮年。数百万军民战死沙场，悲剧波及众多家庭。越南战争给越南留下了88万孤儿、100万寡妇、20万残疾人和20万妓女。

战争是死神的盛宴，所有的母亲都憎恨战争。一位越南女子望着不知是亡夫还是儿子的军装凄然祭拜。在和平年代中，儿子埋葬父亲；但是在战争中，父母埋葬儿子。

中央厅一侧的房间则通过儿童绘画表现对和平的期望，在“历史的故

越南战争博物馆

事”展厅中循环播放着亲历战争的受害者的访谈纪录片，另一陈列室挂满了全世界反战示威和支持越南统一的记录图片。

博物馆的室外部分展示越战期间美军使用的飞机、坦克、炮弹和各种毒气弹。庭院里除了有越战时期的直升机和坦克，还有一座20世纪初运到越南的法国制造的断头台，这座断头台在1959至1960年之间被充分应用，令人触目惊心。

解说词悲惨凄凉：如果没有战争，或许他们一辈子都不会离开家人踏上陌生的国土；如果没有战争，或许此时在冬日的阳光下，他正陪在妻子身旁喝下午茶，看着孩子们玩耍，可惜战争中没有那么多的如果。战争是如此的可怕。战争一开始，地狱便打开。如果我们不结束战争，战争会结束我们……

通过越南战争博物馆数千件展品，游客了解到越南人民为了获得和平而不懈努力的过程，了解这个国家从诞生到成长，再到获得胜利、独立、自由、和平的艰辛历程。战争结束后越南人举行婚礼，越南人民过着虽贫穷却幸福的快乐时光。只有经历了战争，才能真正懂得和平的美好意义。

参观越南战争证迹博物馆，可以领会《孙子兵法》的“不战”、“慎战”、“全胜”思想，符合了世界各国的和平发展要求，对当代战争与和平具有重大意义。

日本以《孙子兵法》对二战失败沉痛反思

《孙子兵法》提出了“如何不战而维持和平”的哲学，以不发动悲伤、悲惨战争的“王道”为最高境界。“慎战论”是《孙子兵法》的精髓，为世界和平做出了重大贡献。日本国际研究中心理事长服部千春在接受中新网记者采访时如是说。

在谈到日本二战失败话题时，服部千春对记者说，与西方的《战争论》不同，《孙子兵法》通篇贯穿着“非战、和平”的崇高理念，追求和平，谋取发展。孙子的和平理念和“不战”思想，是其兵法的核心思想；孙子所谓兵者的“诡道”，是“王道”而非“霸道”；孙子是“不战主义”而非“好战分子”；《孙子兵法》的本质是“智谋取胜”，而非“武力征服”。

日本防卫大学校

服部千春说，1945年，日本战败投降后，没有发行多少有价值的军事著作，但《孙子兵法》之类书籍却是例外。《孙子兵法》研究重点是对二战失败的反思。

第一次世界大战后，日本军队深受西方军事思想的影响，国家的主要军政首脑出于称霸东亚的野心，把孙子这位中国兵家先哲的慎战思想完全弃诸脑后，逐步走上对外侵略扩张的道路，直至爆发对中国和亚洲其他国家的侵略战争。日本有识之士在反思这场不义战争时，无不痛感背弃《孙子兵法》而带来的恶果。

原帝国海军学院教官德永荣中将在其《孙子的真实》一书中感叹，日本由于一味地接受西方攻势思想而发动侵略战争，“完全是这种德式思想”造成的。他埋怨东方兵学思想只用来修养精神，对日本海军并不起作用。

从日本建立海军到二战时日本海军全军覆灭，在70多年的历程中，《孙子兵法》几乎见证了日本海军的崛起、强盛和衰败。二战时期，日本军人对推崇“兵者，国之大事，死生之地，存亡之道，不可不察也”的《孙子兵法》弃之不用，而被灌输“必杀、必胜、必赢”的思想，导致心理扭曲。太平洋战争后期，几近疯狂的日本海军更是以“特攻战法”作最后一搏，最后一批队员集体自杀，日本联合舰队解散。

日本著名兵法史学者佐藤坚司在他的《孙子思想史的研究》一书中指出：“尽管《孙子兵法》已有两千多年的历史，可是在国力、战力、经济力、外交等方面仍然显示了普遍的总体战体制。日本的战败以切身的体验证实了《孙子兵法》的价值。”日本著名的现代军事评论家小山内宏在谈到第二次世界大战中日本的失败时说：“如果那时认真学习一下这部《孙子兵法》，就绝不会贸然发动那一场战争！”

“孙子讲得很明白，非正义战争必败。”服部千春不无感慨地说，日本维新时期，俄军攻打日本，日本得到了英国的支持。而二战时期，日本发动侵略战争，为此付出了沉重的代价，这是必然的。

服部千春在《孙子兵法新校》一书中提到：“昭和天皇曾就日本在第二次世界大战中的失败感慨‘兵法研究之不足’，可以察知他如果学习、应用世界最高水准的《孙子兵法》，就不会发动必将失败的战争。”

日本学习《孙子兵法》蔚然成风

中国是世界上撰写兵书最早也是最多的国家，而日本是传播中国兵书最早也是研读最广的国家。有学者称，日本人对中国兵书的兴趣之浓、研究热情之高，经久不衰，实属罕见。

日本经过近100年的战乱，到了德川幕府时代，文武一致为武士的理想风范，由此产生了日本第一次《孙子兵法》研究热潮。当时日本研究《孙子兵法》的团体就有50余家，研究、注释、讲解、运用者层出不穷，研究成果初现。

刊印注释时期，是日本研究《孙子兵法》的鼎盛时期，研究孙子的团体近百家，大家辈出，注释《孙子兵法》蔚然成风，尤以《孙子抄》《孙吴摘语》《孙子谚解》最为流行。孙子“五事”、“七计”、“诡道”成为日本武学流派的兵学源头，对日本兵学界产生了深刻而久远的影响。

明治时代，《孙子兵法》研究和应用占有重要地位。让日本人引以为豪的是，这一时期对孙子的研究开始从军事领域拓展到经济和社会生活领域。《孙子与商战》的出版开创了《孙子兵法》在经营领域之先河，对全世界《孙子兵法》在非军事领域应用产生了重要的影响。

二战前后，日本出现了众多《孙子兵法》研究机构。第一种是学者从文学思想的角度来进行分析，第二种在军事方面从二战彻底失败重新评价了其理论的可行性，第三种是探讨恢复最原始《孙子兵法》版本的校勘研究。

日本用《孙子兵法》思想研究管理很积极。20世纪50年代，日本出现了一个“兵法经营管理学派”，其影响迅速波及世界各地，形成了经济领域《孙子兵法》研究的热潮。日本企业家大桥武夫著有《用兵法经营》一书，宣扬如何用兵法经商。他的公司采用了这种理论后，效率大大提高，业务飞跃发展。大桥武夫说："这种经营方式比美国企业经营更合理、更有效。"

进入新世纪，日本《孙子兵法》研究界进入了新的领域，注重"孙子科学体系研究"，如藤冢邻、森西洲两氏共著的《孙子新释》，佐藤坚司的《孙子的思想史研究》。日本东北大学中国哲学研究所于1971年特编撰了《孙子索引》，这是中国古代兵书的第一部专书索引。

日本各种报纸杂志上还刊登了很多研究《孙子兵法》等中国兵书的论文。1974年中国《孙子兵法》和《孙膑兵法》在山东临沂银雀山汉墓出土的消息传到日本以后引起轰动，专家学者纷纷撰写研究论文，各种报刊争相报道这一消息，仅《读卖新闻》《朝日新闻》《产经新闻》《东京新闻》《每日新闻》《东京时报》这六份报刊在当年的19天中，就发表了20篇消息和专稿。

弘扬"不战"思想 致力世界和平

"'不战而胜'是战争的最高境界，也是《孙子兵法》的核心思想。传播孙子'不战'思想，致力于世界和平，是我们研究中心成立的《宗旨》。"日本孙子国际研究中心理事长服部千春开宗明义地对记者说。

日本孙子国际研究中心于2003年12月在日本东京成立，服部千春博士任法人代表。该中心由日本内阁府认证，其宗旨是"在全世界正确传播孙子的哲学与思想，建设和平安全的国家"。该中心指出，2500多年来，《孙子兵法》被世界各国广为推崇，在于其超越了时代和地域的差异，道出了具有普遍意义的战争与和平哲学。

日本孙子国际研究中心认为，孙子热爱和平、崇尚道义，提倡"不战而胜"，与苏格拉底、释迦牟尼、孔子、耶稣四大圣人相比毫不逊色，应被认定为世界五大圣人之一，于是他们在国内外开展群众签名活动，希望早日促成此事。

服部千春是文学和哲学双博士，兼任中国孙子兵法研究会高级顾问、南开大学中国古代孙子兵法研究会顾问、孙子故里山东和《孙子兵法》诞生地苏州的高级顾问等众多职务，日本许多知名人士如前首相中曾根康弘曾向其请教《孙子兵法》。为纪念中日邦交正常化30周年，服部千春出版了学术著作《孙子圣典》，在日本引起不小轰动。他还致力于《孙子兵法》的校勘工作，出版的《孙子兵法校解》获中国第二届"全国图书金钥匙奖"、书籍出版质量一等奖。

在服部千春的办公室，与孙子有关的书籍和物件随处可见。墙上挂有孙子像、《孙子兵法》挂历、孙子"静以幽，正以治"的书法，书架上放着他撰写的《孙子兵法新注》《孙子兵法新校》等，办公桌上摆满了孙子学术研究的手稿和资料。他告诉记者说，孙子像由他亲手绘制。

1937年出生于东京的服部千春研究《孙子兵法》已有50余年。他三岁时被送到伯父家，很早就接触到中国古典名著。六岁时，在伯父的指导下学习中国古代兵书《六韬》。十二岁时立志研究中国古代兵法。考入日本大学文理学部中国文学科后，开始研读《孙子兵法》，并撰写了《〈孙子十三篇〉之考察》作为自己的毕业论文。

作为日本亚洲和平委员会会长，服部千春长期致力于世界和平事业，积极在世界各地讲授《孙子兵法》，弘扬孙子“不战而胜”的思想。一次在缅甸访问期间，正值该国内战，服部千春向缅甸总统赠送了《孙子兵法》，提出要“和为贵”，得到高度认同。

服部千春积极投身日中友好事业，经常到中国讲学交流。为增进对《孙子兵法》的了解，他曾前往孙子故里山东惠民，多次参加《孙子兵法》国际研讨会，还在苏州“孙武苑”内镌刻“《孙子兵法》十三篇日文碑”，在《孙子兵法》诞生地穹窿山种植了“中日友好樱花林”。

服部千春弘扬孙子“不战”思想、致力于世界和平的行为得到国际学术界的认可，先后被授予联合国和平奖、美国总统金奖、英国剑桥大学“世界哲人奖”、“世界和平大骑士勋章”等。

日本孙子国际研究中心理事长服部千春

柬埔寨军事学者论“慎战与止战”

柬埔寨国防部政策与外交事务部主任伊慕衡少将认为，写作《孙子兵法》时，作者恐怕很难预想到之后两千年的作战环境会是怎样。孙子只是从他所生活的时代出发，写出他的战略思想。2500年后，随着技术的发展，军事冲突的形态包括战略战术不断变化，但《孙子兵法》仍弥足珍贵，许多思想仍适用于当今的冲突。

伊慕衡少将经过深入研读后发现，孙子最有力的建议是在任何可能的情况下避免战争——“慎战与止战”。他认为这是孙子对人类的一大贡献。《孙子兵法》开宗明义就说：“兵者，国之大事，死生之地，存亡之道，不可不察也。”孙子提醒，领导者决定动武之前，必须三思而后行。宣战的同时，也就拒绝了和平，国家就不再安全。交战依靠的是军事手段，但影响的是国家的方方面面，包括社会安全及经济等。国家安全不再有保障，人民每天生活在恐惧之中。领导人不仔细考虑后果，仓促发动战争，会让国家陷入危险境地，甚至会导致亡国。

柬埔寨国防部政策与外交事务部主任伊慕衡少将

“战争是昂贵的行动。”伊慕衡少将阐述。孙子警告说，国家决定参战必定会浪费许多资源。军事行动需要人力及武器。国家需要动用成千上万的现役及预备役力量，这意味着政府必须增加税收，提高国防开支来养活士兵，同时武器装备也需增加。所需的士兵和先进武器越多，国家的开支就越大。安全与军事开支的增加会影响到其他社会发展因素，会导致财政赤字。军事冲突造成的破坏会吓跑投资者。如果战争被认为非法，国际社会还会对其实行制裁，这又会进一步加剧经济下滑。所有这些负面情况都可能导致战争的失败，并付出昂贵的代价。

伊慕衡少将分析说，“战争是后果难料的行动”。孙子给领导人提出建议：你有可能发动战争，但有可能无法结束战争。因为战争是难以预料的行动，谁都不知道后果如何，如何结束。战争难以获胜，不仅是由于筹划糟糕或资源不足，还由于它会产生难以预料的事件，导致冲突延长。战争一旦陷入困境，就难以自拔。

战争延长了，兵力及武器的花费也会增加。伊慕衡少将进一步分析说，这会削弱国力，影响执政阶层的合法性。此外，战场上失败，士气会开始低落，人民的生活水平开始受到影响，国内对战争的支持也会逐渐消失。这种局面一旦出现，再来收拾也为时已晚，国家间的战争最终可能演变成国内冲突。了解战争的危险，对于国家领导人来说显得非常重要。

伊慕衡少将断言：“战争是会带来恶果的行动。”孙子指出，战争中永远没有真正的赢家。因为战争会给交战各方带来苦难与破坏，战争结束后，胜负双方都必须努力恢复战争带来的经济创伤，重建家园。战争虽然结束，可怕的战争经历仍会长久萦绕在交战国双方人民的脑海中。因此，真正的赢者是那些努力避免战争、寻求其他办法和平解决冲突的国家。

《孙子兵法》写于公元前500年左右的诸侯征伐时代，其理论思想历经2500多年仍适用于现代战争，尤其是不战而胜、避免不必要流血的思想。不战而胜的最好方法不是依靠强大的军事与经济力量，而是追求双赢；要实现不战而胜，最好的战略选择是通过和平方式，即以公平、公正的方式解决利益纷争。伊慕衡少将总结说。

从苏德之战看战争没有真正赢家

记者在俄罗斯发现，无论走到哪里，每个角落都能找到二战的影子，城镇中最主要的地方一定会有二战纪念碑和长明火，一定会有胜利广场，也一定会有战争博物馆。二战的阴影仍在俄罗斯人民心中，难以散去。

苏联卫国战争以德国无条件投降、苏联大获全胜而宣告结束，苏联这个最大的赢家却付出了太过巨大的代价。苏德战场被称为20世纪最为惨烈、最为血腥的战场，苏联是所有参战国中人员伤亡最大的。

1946年，斯大林在莫斯科市选举时宣布本国共死亡700万人。苏联解体前提倡“公开化”，查证档案后于1991年6月宣布战时军人因战事死亡688万（作战伤亡共2335万）人，加上被俘后遇害共死亡866万人人，再加上平民牺牲，全国共死亡2700万人。

苏联卫国战争损失统计委员会最新公布的数据：这场惨烈的战争共夺走了2660万苏联人的生命，其中有近870万是军人。苏联红军与德军的阵亡比例为1.3∶1。

苏德战争中，苏联共有1700个城市和市镇被破坏，有7万多个村庄被烧毁，有3万多个工业企业、6万5千公里铁路被炸毁，有10万多个集体农庄和国有农场变成废墟，经济损失7000亿卢布。苏联全国的成年男子有一半非死即残。仅战争初期苏军就损失人员约700万，其中被俘

德国军事历史研究所研究员埃普肯汉斯

300余万，损失坦克24000余辆、飞机16000余架。

彼得格勒保卫战，全城共冻死、饿死民众超过100万人，被德军空袭和炮击致死2.1万人；伏尔加格勒保卫战，在德军攻入城区的短短一周内，超过4万苏联民众被杀，而在整个战役中牺牲的平民人数远远超过这个数字，此役苏军的损失仍然要超过德军；库尔斯克会战苏联付出了惨重代价，损失兵力80多万、坦克6000多辆，坦克的损失数是德军的20倍。

柏林会战30万苏军倒在胜利前夜，平均每八个苏军官兵中就有一个人倒在攻克柏林的道路上。有历史学家经过统计后认为，柏林战役中苏军实际的伤亡数字是50余万人。

有学者称，对于苏联来说，虽然取得了最后胜利，但是惊人的伤亡数据使得人们对这场战争的诠释变为“虽胜犹败”。

莫斯科大学的大学生伊万对记者说，苏德之战告诉人类，战争是可怕的魔鬼，战争没有真正赢家，战争给苏联及所有参战国人民造成了深重灾难。全世界应崇尚孙子的“非战”、“慎战”思想，远离战争，降低灾难，珍惜生命，热爱和平。

波兰奥斯维辛集中营揭露战争罪恶

1.4万条人发毛毯，7.7吨头发，42座集中营，关押者波及30个国家。7000个纳粹警卫，每天屠杀6000人。100万犹太人丧命，幸存7650人，尸体堆成金字塔形……

距克拉科夫西南60公里的波兰小城奥斯维辛集中营遗址，是纳粹德国时期建立的劳动营和灭绝营之一，有“死亡工厂”之称。该集中营于1940年4月27日由纳粹德国党卫队领导人希姆莱下令建造，估计约有110万人在该集中营被杀，其中90%为犹太人。1945年1月27日由苏联红军解放，1947年7月2日波兰国会立法把集中营改为纪念纳粹大屠杀的国家博物馆，1979年联合国教科文组织将其列入世界文化遗产。

走进集中营就像看到最恐怖的影视剧，这里每个院落、每个房子、每一堵墙、每块砖在参观者眼里都渗透着受难者的血迹，都刻下了法西斯的罪孽。

奥斯维辛一号：这是最初的集中营，是奥斯维辛地区集中营的管理中心。纳粹在这里杀害了大约七万名波兰知识分子、抵抗组织成员、“反社会分子”、同性恋者和苏联战俘。1941年3月1日，希姆莱视察奥斯维辛集中营后，命令鲁道夫·胡斯将其扩建为一个同时具有关押、劳役和灭绝三种功能的超级集中营。1941年6月，纳粹德国入侵苏联后，大批苏联战俘被陆续收入集中营。1941年9月3日，奥斯维辛集中营第一次使用毒气“齐克隆B”试验杀人，试验地点是青壮年营二号房舍的地下室，试验对象为600名男性苏联战俘和250名从集中营医院筛选出来的男性犯人。

奥斯维辛二号（比克瑙）：这是一个灭绝营，其主要任务是在毒气室进行大规模屠杀，有大约96万犹太人、75000名波兰人和19000名吉普赛人在此遇害。此外它也包括几个较小的集中营，如布达的农业营、加悔泽的养禽营、赖斯科的蔬菜营和一些医学、化学实验室。营内设有大规模杀人的四个毒气“浴室”及储尸窖和焚尸炉，同时操作一次可屠杀12000人，配备的焚尸炉每天可焚烧8000具尸体。

奥斯维辛三号（莫诺维茨）：这是一个由一座主营和39座小集中营构成的劳动营，亦称伦纳·莫诺维茨，名称来自于莫诺维茨原址上的伦纳合成橡胶厂。该集中营的拥有者是德国最大的化学公司I.G.法本公司。约11000名犯人在莫诺维茨工作，负责挖煤、水泥和橡胶生产等。奥斯维辛二号的医生会按时到这里检查，将不能工作的人送往毒气室。

皮莱茨基在《自愿的奥斯维辛囚徒》一书中写道：“每天都有上千名新入营的囚犯被毒气毒死，他们的尸体在一个新的焚尸炉里被焚毁。”集中营内设立了用活人进行“医学试验”的“病房”和“试验室”。纳粹挑选了许多被关押者进行医学试验，如试验便捷的绝育方法，对孪生子女进行活体或尸体解剖等。

在集中营里有道令人望而生畏的死亡墙，在11号楼和12号楼之间院子里。墙下不知道倒下了多少被纳粹枪毙的犯人。如今院内还竖了个小牌，上面写着：请您保持肃静，不要打扰死难者的宁静。

1943年，集中营建起了炼金车间，把金首饰、金牙等熔化成金锭，一天最高产量能达到22磅。这些金锭用救护车运往柏林。成箱的金表、项链、戒指、胸针都被送到当铺当掉，转换成党卫军的经费。当不掉的宝贝被存到德国中央银行。一般的手表、钢笔作为奖品发给党卫军骨干和伤员，收来的鞋子作为再生材料重新利用，甚至死难者的尸体也不放过，头发用来织成毯子，脂肪做成肥皂，骨灰卖给农民做肥料。

2015年1月27日，多国隆重纪念奥斯维辛集中营解放70周年暨“国际大屠杀纪念日”，波兰政府在奥斯维辛举行纪念活动，约300名集中营幸存者以及来自49个国家和国际机构的政要及代表参加了活动。德国总统高克在德国联邦议院举行的奥斯维辛集中营解放70周年纪念仪式上说，德国竟然能够做出这样骇人听闻的反人类罪行，这一点将是他一生都要承受的伤痛。他呼吁公民勿忘历史教训，保护和捍卫仁爱精神。

慕尼黑达豪集中营真实再现战争灾难

党卫队、死亡营、焚尸炉、毒气室、火化场、射击场、活人实验、枯骨雕塑……这里是距慕尼黑市20公里的达豪集中营。达豪镇原本是个艺术之镇，二战时却建成了纳粹一千多座集中营的第一座集中营，它真实再现了充满血腥和恐怖的战争灾难。

达豪集中营之所以成为希特勒首选，是因为慕尼黑是希特勒发迹地，也是战争灾难的制造地，德国法西斯的二战总部就设在这里。1919年，纳粹党在慕尼黑成立；1923年11月8日，希特勒在慕尼黑发动“啤酒馆暴动”；1938年9月29至30日，德国在进攻波兰之前召开了“慕尼黑会议”，慕尼黑协定加速了战争的爆发。

1933年3月20日，纳粹党卫军头目希姆莱宣布在达豪建立第一个集中营，里面有用于大规模屠杀和进行人体试验的毒气室、尸体解剖室和焚尸炉。集中营纪念馆收藏的一份图表显示，二战期间，这里曾先后关押过21万人，有记录的死亡数字是31591人，数以千计的苏军战俘经常被就地处死，在被转移过程中死去的人更是无可计数。

活人实验室是令人毛骨悚然的杀人方式的试验地，进行了残忍至极的如“真空试验”、“高压试验”、“冷冻试验”、“盐水试验”等。为了发动细菌战争，他们在活人身上培植疟疾病菌，还进行使人体受到致命伤残的生物化学试验，甚至剖开犯人的脑壳，作活体解剖。

美国作家威廉·夏伊勒在巨著《第三帝国的兴亡》中详细记录，所挑选的被试者，必须是完全健康的，因为他们试验完毕死亡后，皮要被剥下，做成党卫队头子及其太太们嗜好的精美饰品。

至于那些老弱病残与妇女儿童，等待他们的是集中营的毒气室和焚尸炉。毒气室外观看起来像个浴室，里面装着莲蓬头，然而莲蓬里流出的却是

德国慕尼黑达豪集中营

致命的毒气。剑子手们用洗澡的谎言把囚犯们骗入“浴室”后，释放毒气，几分钟后犯人全部死亡。陈列馆有一张照片，上面是一个青年妇女，搀着三个天真的孩子，怀里还抱着一个婴儿，无可奈何地走向毒气室。

紧挨毒气室的是焚尸炉，毒气室中的死尸马上被扔到焚尸炉里焚烧。毒气室和焚尸炉旁，是堆积如山的各式各样的大大小小的靴子、鞋子，触目惊心，这是成千上万的被害者被迫走向毒气室前脱下的。在“达豪集中营一日游”的宣传单张上，对焚烧炉的去向有一些详细的解释：现在，达豪集中营已经没有焚烧炉了，焚烧人类的地方终将被烧掉。

达豪集中营还有一个专门的“射击场”。1941年德国法西斯入侵苏联后，大批的苏联人被押运到达豪，短短几天6000多名苏联人全部被枪杀。达豪解放前夕，还发现约有7500具尸体未来得及焚烧，战争结束后才移入达豪公墓。

记者注意到，这里所有的参观者全都神色凝重、静默寡言，包括那些德国工作人员。当参观者从那令人窒息、充满血腥与残暴的黑黝黝的集中营里出来，呼吸着清新的空气时，每个人的心中都回响着同一个声音：我们要和平，不要战争！

德国二战及孙子研究学者称，孙武主张“止戈为武”，他提出“慎战”、“非危不战”、“不战而屈人之兵”，以消弭战争，追求和平。德国好多地方都保留当年的集中营，以提醒人们不忘战争带来的灾难，珍惜来之不易的和平。

英国民众呼吁人类应遏制毁灭性战争

德军飞机横冲直撞，伦敦街区轰炸声震耳欲聋，远处一座大型建筑被炸弹击中在火光中顷刻夷为平地，变成一片废墟。近处在被德军炸毁建筑物的瓦砾堆中，隐约传来伤者的呻吟。一只玩具熊露出半个脑袋，也许瓦砾中呻吟的是位未成年的孩子，带着天真的梦想与他可爱的玩具熊一起长眠在瓦砾中。看看身边参观的孩子们，他们无不被这悲惨的世界所震撼。

在英国战争博物馆“伦敦大空袭”模拟展厅，运用声、光、电等高科技手段，枪炮声、轰炸声、喊杀声、哀嚎声此起彼伏，向所有的参观者展现了一幅幅毁灭性战争的恐怖画面，令每一位参观者毛骨悚然。

1940年9月7日至1941年5月10日间，德国对英国首都伦敦实施战略轰炸，超过76个昼夜。德军投弹188000吨，共有超过43000人死于轰炸，其中半数是伦敦居民，超过百万房屋被毁。从国土面积和人口数量看，英国蒙受的人员和财产损失是很沉重的。德国使用“飞行炸弹”——V1巡航导弹，这是在人类战争中第一次使用巡航导弹，共使6184人丧生，平均每发射5枚导弹就有3人丧生，受重伤的人员则达到17981人，带来难以估量的损失。

英国民众呼吁人类应遏制毁灭性战争

一位亲身经历伦敦大空袭的英国老人至今记忆犹新。他对记者说，在近一年的时间里，德军几乎是24小时不停地对伦敦狂轰滥炸，炸死成千上万的英国人，摧毁了不计其数的物质财富。战争是魔鬼，和平是天使，我们不要战争要和平。

记者走在伦敦街头，不时可以看到一战、二战的纪念碑。在查尔斯国王街，有写着“战时内阁”字样的地下堡垒，这里是二战期间丘吉尔指挥英国军民反法西斯的内阁指挥中心。里面共有大小房间21间，分成几个部分：内阁会议室、丘吉尔的办公室和卧室、美国与英国“热线”室、总司令部、警卫室。

丘吉尔首相和他的幕僚们在这个低矮、简单、拥挤、散发着霉味的地下室里一待就是六年，共2190多个日日夜夜。这里书写着英国军民反法西斯斗争极重要的一页。人们参观完战时内阁走出地下室，见到了灿烂的阳光，呼吸到了新鲜空气，人类应遏制战争、珍惜来之不易的和平的强烈愿望油然而生。

英国军事理论家、战略家李德·哈特认为，在战争中发生无益的大规模屠杀的主要原因，是克劳塞维茨式的对拿破仑战争的解释。20世纪60年代初，哈特在《孙子兵法》英译本序言中说：“在导致人类自相残杀、灭绝人性的核武器研究成功后，就更需要重新而且更加完整地翻译《孙子兵法》这本书了。”

西方学者称，西方兵法讲摧毁，扩大战争的恶果；而东方兵法讲谋略，降低战争灾难，这就是克劳塞维茨的《战争论》与《孙子兵法》最大的区别。孙子立足于“非战”，倡导和平，对深入认识战争、遏制当今战争暴力有很强的针对性，契合了当代世界多数国家追求和平的思想。这是中国兵学的伟大之处，在当代国际关系中值得大力张扬。

2012年9月21日是国际和平日，在英国伦敦特拉法加广场，参加国际和平日活动的英国民众用鲜花摆出枪支的造型，呼吁促进和平、反对战争。英国人铭记着战争的苦难，呼吁以史为鉴，企盼和平，居安思危。警惕和遏制毁灭性战争，应当为全人类所共勉。

吴如嵩：西方现代军事理论反思第一人哈特

中国孙子研究会副会长、首席顾问吴如嵩少将在接受记者采访时说，西方有位战略家竟然把中国古代兵法家孙子请到今天这个核时代的世界上来，对《孙子兵法》作了新的解释，制定出了所谓“孙子的核战略”。他就是英国著名战略家李德·哈特，是第一个对西方现代军事理论进行反思的人。

吴如嵩介绍说，哈特毕业于剑桥大学，是英国军事理论家、战略家。第一次世界大战中开始研究军事，先后任伦敦《每日电讯报》军事记者、《泰晤士报》军事专栏评论员、《不列颠百科全书》军事编辑和陆军大臣的顾问。哈特一生勤于军事理论、军事历史和军事人物的研究，撰写了《战略：间接路线》《战争中的革命》《西方的防御》《威慑还是防御》《第二次世界大战史》等30多部著作，代表作是《战略论》。战后，李德·哈特在世界军事学界的地位达到最高峰，欧美各大学及军事院校纷纷授予其荣誉学位并聘邀其客座讲学，封他为“军事理论教皇”。

吴如嵩曾主持和参加编写了《中国古代兵法精粹类编》《孙子兵法辞典》《孙子兵法画册》，是中国研究孙子的权威人士。他对记者说，第一次世界大战使哈特对拿破仑战争以来的西方军事理论产生了强烈的幻灭感。于是，哈特推崇研究孙子，赞成孙子理论，他的《战略论》大量引用《孙子兵法》，他的战略理论在西方独树一帜。

吴如嵩告诉记者，哈特向人透露，他的军事著作中所阐述的观点，其实在2500年前的《孙子兵法》中就可以找到。他也确实对孙子及其著作深感兴趣，不仅为《孙子兵法》英译本作序，还在自己的得意之作《战略论》中大段引述孙子的格言。

一战结束不久，哈特即发表文章，呼吁对“从克劳塞维茨那里继承下来的、流行相当广泛的关于战争目的的观点加以重新审查”。正是在对西方近代军事理论的清算过程中，哈特发现了《孙子兵法》在战略思维、战略价值观上的重要启发意义，并由此提出了“间接路线战略”。

二战之后，特别是随着核武器的出现，西方开始对克劳塞维茨以来的军事理论进行审视。哈特确信，“在战争中发生无益的大规模屠杀的主要原因，是由于战争的指导者固执于错误的军事教条，即克劳塞维茨式的对拿破仑战争的解释”。于是，以《孙子兵法》为代表的中国兵学价值重新显现。

哈特在20世纪60年代初撰文指出：“在导致人类自相残杀、灭绝人性的核武器研究成功后，就更需要重新而且更加完整地翻译《孙子兵法》这本书了。”他还说，孙子的兵法“使我认识到深邃的军事思想是不朽的”。他认为，孙子思想对于研究核时代的战争是很有帮助的。因此，要将《孙子兵法》的精华运用到现代的核战略上。

哈特比较说，《孙子兵法》写得好，在西方，只有克劳塞维茨的《战争论》可以跟它相比，但《孙子兵法》更聪明，更深刻。《孙子兵法》比《战争论》早两千多年，但比《战争论》更年轻，显得更有节制，不像后者强调暴力无限。如果早读《孙子》，两次世界大战就不会那么惨。哈特还认为，正是现在，我们才应“回到孙子”。

吴如嵩认为，哈特是第一个对西方现代军事理论进行反思的人，但并非最后一个。进入20世纪之后，人类历史上空前的两次世界大战，特别是核武器的出现，将西方军事思想的缺陷暴露无遗。以西方人对克劳塞维茨以来的军事理论进行反思为契机，中国传统兵学的价值又一次表现了出来。

德国闪击波兰违背孙子"不战"思想

"德国闪击波兰，不是真正运用孙子'出其不意'的谋略，而是受克劳塞维茨《战争论》的影响。"德国孙子研究学者认为，与孙子重视谋略、崇尚和平的战争观截然不同，克劳塞维茨强调武力、崇尚暴力，这种区别在《孙子兵法》和《战争论》中表现得相当明显，在德国闪击波兰中也得到充分体现。

德国闪击波兰，是第二次世界大战欧洲战区的起点，也是世界战争史中一场著名的"闪电战"。1939年4月3日，希特勒下达了代号为"白色方案"的秘密指令，"一切努力和准备工作，必须集中于发动巨大的突然袭击"。他要求德国三军部队于9月1日前完成对波兰作战的准备工作。

按照希特勒的要求，德军统帅部计划以快速兵团和强大的空军实施突然袭击，闪电般摧毁波军防线，占领波兰西部和南部工业区，继而长驱直入波兰腹地，围歼各个孤立的波兰军团，力求在半个月内结束战争。1939年9月1日凌晨4时45分，德军轰炸机群呼啸，几分钟后，人类历史上规模最大的空中"白色闪电"划向波兰。顷刻间，波兰人遭受突如其来的灭顶之灾。

波军对德军"闪击战"毫无准备，猝不及防。德军趁势以装甲部队和摩托化部队为前导，很快从几个主要地段突破了波军防线，用坦克炮和机枪毫不留情地向波军扫射，用履带碾压波兰骑兵，进行了一场实力悬殊的屠杀。这个第二次世界大战爆发后的第一个战役，波军全军覆没。一个拥有3400万人口、100多万军队的国家，就这样在短短的一个多月的时间里亡国了。

波兰军队骑兵手持长矛和利剑与德国坦克作战，战马的血肉之躯与坦克的钢铁之身的碰撞。瑞士著名谋略学家、孙子研究学者胜雅律表示，

波兰华沙老城

这一血淋淋的历史教训，昭示了孙子“兵者，国之大事，死生之地，存亡之道，不可不察也”。此经典警句，跨越千年时空，仍颠扑不破。只有具备制胜的力量，才能有效地遏制战争。

德国学者称，德军首次在波兰成功地实施“闪击战”，显示了坦克兵团在航空兵协同下实施大纵深快速突击的威力，对军事学术的发展固然产生深远影响。但同时应当看到，这场“闪击战”标志着德国正式拉开了侵略战争的序幕，而波兰成了第一个牺牲品，以亡国为代价，这是不值得津津乐道的。

孙子说得好，“百战百胜，非善之善者也；不战而屈人之兵，善之善者也”。不正义的“闪击战”，战术再高超也不能百战百胜。德国学者举例说，1941年6月22日拂晓，德国撕毁了《苏德互不侵犯条约》，对苏联发动了代号为“巴巴罗萨”的突然袭击，妄想在三个月内征服苏联。最终苏军攻克柏林，第三帝国宣告灭亡。

德国孙子研究学者吕福克认为，欧洲史学家都将此役作为“闪电战”的成功范例，德国人成功地运用了这一战法并引以为豪。只是，历史上对于德国占领波兰的过程的描述，往往倾向于德国人的成功，而我们不能忽略的是，这种完全靠武力征服、血腥屠杀的西方兵法，违背了孙子主张“不战”、“慎战”、倡导和平的思想，这应该看成是德国人的耻辱，最终被历史所耻笑。

德国人应用中国兵学思想反思二战

柏林"恐怖之地文献中心"、"恐怖刑场博物馆"、"欧洲被杀害犹太人纪念碑"先后对外开放，专门揭露纳粹的种种暴行。在德国境内还有二战战场遗址、集中营旧址、主要战场、博物馆及苏联红军、西方盟军纪念碑和墓碑。每年德国领导人都会出席在这些地方举行的纪念活动，提醒德国人不要忘记和忽视纳粹犯下的罪行。

而希特勒及其党羽在德国承受永久骂名，德国领土上没有他们的坟墓，也没有他们的任何纪念物。正如德国总理施罗德所说："对纳粹主义及其发动的战争、种族屠杀和其他暴行的记忆，已经成为我们民族自身认同的一个组成部分"，"德国负有道义和政治责任来铭记这段历史，永不遗忘，绝不允许历史悲剧重演。我们不能改变历史，但是可以从我们历史上最羞耻的一页中学到很多东西"。

1946年10月，德国导演沃尔夫冈·施陶特斯执导的影片《杀人犯就在我们中间》上映。该片首次反映了德军在苏德战争中犯下的滔天罪行，在德国引起了巨大反响。二战被一代代电影人从不同角度进行解读，而德国电影人更以一种负责任的态度对二战进行诚恳的反思，其中最值得一看的是德国电影《帝国的毁灭》。

德国柏林街头展出的反思二战的图片

在二战结束60周年之际，德国之声网站发表文章指出，正是由于德国坚定地承担了历史责任，才赢得了今天在世界上的地位。战后60年来，通过反思历史和战争赔偿，德国赢得了国际社会的认可和尊重，从而走出了耻辱，走向了繁荣，成为当今国际舞台上一个负责任的大国。德国人的反思真正触及到了民族的灵魂。从学龄儿童到政治领袖，德国上下已经完成了深层意义的民族救赎。

记者在柏林“恐怖之地文献中心”留言本上看到，许多德国民众写下了“战争是魔鬼，和平是天使”、“和平万岁”的留言。一位德国学者写道：“二战前，德国人狂热崇拜《战争论》；二战后，德国人开始信奉《孙子兵法》。”

德国二战及孙子研究学者表示，二战前，德国人对克劳塞维茨的《战争论》顶礼膜拜，信奉武力征服，信奉血腥暴力，信奉战争解决一切问题，对中国2500多年前的孙子不屑一顾；二战后，对孙子为代表的中国兵学思想开始重视，并用以反思二战。联邦德国国防部长韦尔纳博士1977年在与记者谈话时，曾引用了中国古代兵法家孙子的话，并说：“很可惜，在西方许多人不熟悉这一点。”

战争暴力和灾难不可避免，但战争暴力和灾难应不应该减少和降低，能不能减少和降低？无论是古代还是当今时代，都面临这个重大问题。德国学者比较说，“不战而屈人之兵”是孙子最为推崇的，也是他提出的最著名的命题。尽量避免战争，因为战争充满风险和灾难，最大的风险是失败，最大的灾难是亡国。而克劳塞维茨不赞成减少暴力，他得出结论：“暴力的使用是没有限度的”，从而为导致暴力升级提供了理论依据。

德国学者称，从19世纪到20世纪，德国名将普遍受西方兵家思想的影响，大多是《战争论》的忠实读者，希特勒深受其影响成为“战争狂人”，妄图征服整个世界，最终以彻底失败并给德国乃至欧洲带来深重灾难而告终。而21世纪的战争将受以孙子为代表的东方兵学思想的影响，主张“慎战”、“非战”，崇尚和平、和谐是《孙子兵法》的思想精髓，这也是当今时代的潮流，势不可挡。

"千堡之国"卢森堡抵挡不住坚枪利炮

三道护城墙，76座各式风格的古代城堡，23公里长的地道和暗堡，蜿蜒地下与暗堡炮台相连的贝克要塞，曲折迂回的机关密布地下迷宫，今日的卢森堡可谓一座放大版的军事堡垒，其军事防御体系已被列入世界文化遗产。

卢森堡位于欧洲西北部，处于比利时、德国、法国的包围之中。由于其在历史上处于德法要道，地势险要，一直是西欧重要的军事要塞，有"北方直布罗陀"的称号。因卢森堡是一座拥有1000多年历史的以堡垒闻名于世的古城，其国土小、古堡多，又有"千堡之国"的称呼。

在漫长的欧洲历史中，卢森堡始终是兵家必争之地，是沟通日耳曼地区与拉丁地区的重要枢纽，它一次次独立后又一次次被不同国家入侵，饱受战争的蹂躏。

15世纪以后，卢森堡屡遭异族入侵，先后被西班牙、法国、奥地利等国统治长达400多年，被摧毁过20多次。其间，卢森堡市人民为抵御外敌入侵修建了许多坚固的城堡。

其中最著名的军事堡垒是位于城市东北部的贝克要塞以及在悬崖峭壁内开凿的地下掩体。贝克要塞建于公元963年，被视为卢森堡城建城的标志。此后千年间，这座要塞在勃艮第人、西班牙人、德国人、法国人的占领中不断被加固、重修。二战期间，这里被用作防空洞，最多时曾容纳过三万多民众。

地下迷宫深埋在卢森堡的"腹部"，这一修建于18世纪的地下廊道穿岩开凿，建立在几种不同的地质层上。地道最深处达地下40米，分隔有许多暗室，掩藏过数千名兵马及武器军备，鼎盛时期地道长达40余公里。地下迷宫有两个入口，一处通往贝克要塞，另一处则位于大教堂对面的大峡谷。

17世纪卢森堡卷入三十年战争。1659年签订《比利牛斯和约》，卢森

卢森堡金色女神

堡南部一些地区划归法国；1684至1697年法国曾占领卢森堡全境；1714年西班牙王位继承战争结束后，卢森堡随西属尼德兰一起转归奥地利；1795至1814年法国再次占领卢森堡。

卢森堡在一战、二战中地位重要。第一次世界大战中，德军为控制具有战略意义的卢森堡铁路，出兵占领中立国卢森堡，大公及政府为德国控制。第二次世界大战中，德国纳粹军队于1940至1944年占领卢森堡，将卢森堡兼并为德国行政区管辖地。

在卢森堡市中心，树立着高12米的纪念碑，这是为纪念第二次世界大战期间阵亡的卢森堡战士而修建。上面的“金色女神”像出自著名艺术家克劳斯希托之手，它提醒后代铭记战争带来的灾难以及卢森堡人民为保卫祖国领土完整和自由所进行的反抗纳粹侵略者的斗争。

“金色女神”象征着和平与和谐，这座纪念碑是卢森堡全国居民参与集资建造的。一位卢森堡市民告诉记者，卢森堡如今能成为欧盟人均收入和生活水平最高的国家，人均国民生产总值位居世界前列，离不开和平的国际环境。

“我们追捧中国的《孙子兵法》，就是信奉孙子的和平不战思想。”一位卢森堡学者说，卢森堡人最忌讳和忌恨战争，因为他们深深知道，卢森堡这个弹丸之地、袖珍之国，国土面积仅2500多平方公里，人口只有50万左右，虽有“千堡之国”之称，却怎么也抵挡不住世界大国、强国的坚枪利炮。

从战争旋涡走出的国家更厌恶战争

奥地利是音乐之城，诞生了海顿、莫扎特、舒伯特、施特劳斯等众多名扬世界的音乐家，还有长期在奥地利生活的贝多芬；奥地利是文化之城，茜茜公主、萨尔茨堡、金色大厅享誉世界；奥地利又是战争之城，是第二次世界大战的发动者和头号战犯希特勒的出生地，是一战、二战的引发地；奥地利还是“间谍之都”，冷战时期，维也纳是国际间谍活动的温床。

位于欧洲正中位置，被称为“欧洲心脏”并连接东西十字路口的奥地利，一直处在战争的旋涡之中：公元前15年被罗马人占领；1815年成立的以奥为首的德意志邦联在普奥战争中失败，邦联解散；1867年与匈牙利成立了奥匈帝国，第一次世界大战结束后帝国解体；1938年3月被希特勒德国吞并，成为二战中第一个被纳粹德国吞并的国家；二战后被苏、美、英、法四国占领。

德国进军奥地利后不久，纳粹开始了对犹太人有组织的屠杀，维也纳共有92所犹太会堂遭到摧毁，仅有一处幸免于难。位于奥地利西部的毛特豪森及其附近49个集中营，令人毛骨悚然，这是二战期间奥地利最大的集中营区，纳粹在这里先后囚禁过20多万人，有10余万人被夺去了生命。

1944年3月17日，盟军第一次空袭被称为“第三帝国防空洞”的维也纳，整个城市的五分之一被毁。1945年4月2日维也纳被宣布成为纳粹的防守区，维也纳战役持续了八天，四万人丧生。维也纳的斯蒂芬大教堂在空袭和战争中未受损坏，但却在一次洗劫中陷入火海。

二战时建造的六个钢筋混凝土大型防空炮台之一，现仍存在于维也纳市内。维也纳森林边缘的一个小镇中有座垂头塑像纪念碑，记录奥地利一战、二战历史。战争的确令奥地利垂头丧气，所以奥地利人民建立此纪念碑以告示后人。

奥地利凯旋门

维也纳市中心的英雄广场通宵举行纪念奥地利“并入”纳粹德国70周年“沉默之夜”烛光示威，八万支蜡烛汇成了烛光的海洋，广场大屏幕上不断滚动着当年被纳粹杀害的奥地利人的姓名。

奥地利总理法伊曼在维也纳纪念二战结束的活动上强调，不能忘记第二次世界大战这段历史，欧洲的安定与和平需要大家共同维护。他说：“1945年5月8日是欧洲新纪元的开始，也是欧洲实现和平共存的开始。从这一天起，我们懂得要从历史中吸取教训，我们明白了，决不能忘记过去。”

记者在维也纳书店看到，一本德语插图版《孙子兵法》售价79.99欧元，放在进门最醒目的地方。书店工作人员介绍说，奥地利读者对《孙子兵法》的喜爱已超过了《战争论》，尽管售价很高，但销路很好。许多奥地利人都知道孙子是和平的使者，他写的兵法与西方的兵法不一样，他教诲人们如何避免冲突、减少流血。因此，他们把这部中国的兵书放在畅销的精品书类里，而不是放在战争书类里，因为和平是永远畅销的，而战争不能畅销。

一位奥地利华人告诉记者，在奥地利，《孙子兵法》的受欢迎程度超出了我们的想象。奥地利曾派军人到中国参加军事培训，讨教中国功夫，学习《孙子兵法》。中国军事科学院原院长郑申侠上将给奥中经贸会赠送《孙子兵法》竹简，银雀山汉墓竹简《孙子兵法》出土地山东临沂也将中国兵书赠送给奥地利合唱团。

说到奥地利合唱团，这位华人介绍说，维也纳世界和平合唱节成功跨过了三个年头，在奥地利联邦政府、联合国维也纳总部以及众多机构的参与支持下，2013年第四届维也纳世界和平合唱节又将拉开帷幕，闭幕日将在灿烂的金色大厅颁发“和平天使奖”，向全世界宣扬和平，遏制战争。

奥地利联邦国防军上奥州司令部曾举办过一场精彩的《孙子兵法》研讨会，奥中经贸会、奥地利华文媒体和各界精英400余人参加，上奥州参谋部部长Oberst Josef Hartl主讲。部长认为，《孙子兵法》是古今中外国家与国家、政治集团与政治集团、垄断组织与垄断组织、企业与企业等在政治、军事、经济、外交、情报等方面的斗争或竞争中运用的计谋，它教导人们深谋远虑，蕴含进退自如的机智，倡导和平和谐的理念。

“从战争旋涡走出的奥地利人更厌恶战争。”奥地利一位学者对记者说，“国与国之间为何非要兵戎相见、你死我活？要解决争端有很多方法，战争是下下策。”一位奥地利民众说：“两次世界大战使我们刻骨铭心。战争是残酷的，是可怕的，是悲惨的。战争以失去家园、失去亲人、失去生命为代价，世界上没人希望战争，战争没有任何意义，只会带来人的死亡。我们厌恶战争，祈求和平。”

欧洲学者用孙子思想反思世界大战

记者在德国采访期间发现，谈及纳粹与二战话题，德国人并不忌讳。德国人普遍痛恨希特勒，把纳粹这段历史视为黑暗历史，德国领土上没有纳粹的坟墓，也没有他们的任何纪念物。而谈到德国的《战争论》和中国的《孙子兵法》，德国学者更倾向于后者，他们还用孙子的“不战”、“慎战”等和平思想反思二战。

一位德国学者在柏林“恐怖之地文献中心”留言本上写道：“二战前，德国人狂热崇拜《战争论》；二战后，德国人开始信奉《孙子兵法》。”德国二战及孙子研究学者告诉记者，二战前，德国人对克劳塞维茨的《战争论》顶礼膜拜，信奉武力征服，信奉血腥暴力，信奉战争解决一切问题，对中国2500多年前的孙子不屑一顾；二战后，对孙子为代表的中国兵学思想开始重视，并用以反思二战。

联邦德国国防部长韦尔纳博士1977年在与记者谈话时，曾引用了中国古代兵法家孙子的话，并说：“很可惜，在西方许多人不熟悉这一点。”

德国孙子研究学者认为，德国闪击波兰，不是真正运用孙子“出其不意”的谋略，而是受克劳塞维茨《战争论》的影响。与孙子重视谋略、崇尚和平的战争观截然不同，克劳塞维茨强调武力、崇尚暴力，这种区别在《孙子兵法》和《战争论》中表现得相当明显，在德国闪击波兰中也得到充分体现。

德国学者称，德军首次在波兰成功地实施“闪击战”，标志着德国正式拉开了侵略战争的序幕，而波兰成了第一个牺牲品，以亡国为代价，这是不值得津津乐道的。

苏联二战和孙子研究学者反思，德军“巴巴罗萨”计划出台半年后，苏联竟然浑然不觉。苏德战争刚开始，面对有备而来的德军突然袭击，苏军猝不及防。二战初期苏军失利诚然有军事战略、经济、政治等诸多原因，但苏军对战争准备不充分是一个很致命的原因。《孙子兵法》开篇就提出“夫未战而庙算胜者，得算多也”，孙子十分注重战前的准备工作，强调有备无患，未雨绸缪，自保而全胜，创造对敌的胜势，决不打无准备之仗。

而最早用孙子思想反思一战的是英国军事理论家、战略家李德·哈特，第一次世界大战使他对拿破仑战争以来的西方军事理论产生了强烈的幻灭感。他认为，在战争中发生无益的大规模屠杀的主要原因，是克劳塞维茨式的对拿破仑战争的解释。20世纪60年代初，哈特在《孙子兵法》英译本序言中说：“在导致人类自相残杀、灭绝人性的核武器研究成功后，就更需要重新而且更加完整地翻译《孙子兵法》这本书了。”

英国新近出版的《孙子的和平思想》一书称，《孙子兵法》军事思想的核心是谋略制胜，可以不发生流血冲突取得胜利，这就是“不战而屈人之兵”的思想，对后世的影响很大，为世界所公认。作者认为，二战是历史上死伤人数最多的战争，不符合孙子的“上兵伐谋，其次伐交”的和平理念。

瑞士苏黎世大学著名汉学家、谋略学家、孙子研究学者胜雅律坦言，可以理解，德国是克劳塞维茨的故乡，《战争论》是德国人的杰作。德国人读《战争论》的热情，并不亚于中国人读《孙子兵法》的兴趣。欧洲人也同样，《战争论》被称为欧洲的《孙子兵法》。特别是欧洲的政治家和军事家，大都崇拜《战争论》。

胜雅律话锋一转说，《战争论》是欧洲大战催生剂，并推动了欧洲大战和世界大战，但经过两次世界大战后，欧洲不少战略家和军事家都有一个共同的遗憾，就是之前受《战争论》的影响太深，没有早一点看到《孙子兵法》。

意大利前国防部副部长斯特法诺·西尔维斯特里总结说，有一点特别重要，那就是孙子弥补了《战争论》的缺陷。孙子十三篇不是为了战争而写战争，而是为了不发动战争而写战争，不写全部战争而写部分战争或战争准备，不主张毁灭性战争而主张降低战争的灾难。实际上，孙子是讲和平，而不是真正讲战争。孙子既不否定战争，又反对穷兵黩武。孙子的战争观最主要的核心就是“慎战”，即谨慎地对待战争。

澳洲人为何把战败日作为国家节日？

在澳洲悉尼大桥上，军人的雕塑与众不同，他们没有一丝英武和自豪，枪口向下，低垂着头。陪同记者的澳洲华人解释说，澳洲人应该是厌恶战争的。雕塑表现的不是军人们的英勇无畏、将军的英名神武，而是对战争的无奈，揭示战争的残酷。

记者来到澳大利亚悉尼战争湾栈道，当年澳新军团就是从这里出海征战的。自1916年起，澳大利亚和新西兰都在4月25日前后举行澳新军团日仪式。“澳新军团日”是为纪念第一次世界大战期间，澳大利亚和新西兰联军配合英法军队登陆土耳其加利波利半岛的战役而设立的。在那次战役中，澳新部队损失惨重。这天被定为公众假日，是一个纪念作战失败的国家节日。

澳大利亚战争港

澳新军团日源于第一次世界大战中的加里波利战役，又称达达尼尔战役，是第一次世界大战期间最著名的战役之一，是当时最大的一次登陆作战。在此次战役中，澳大利亚和新西兰作为“协约国”盟友也派兵参战，约9000名澳大利亚士兵和27000名新西兰士兵阵亡。

虽然数目上来说，澳新军团仅属加里波利战役50万联军中的一小部分，但是这两个年轻国家的部队经常充当先锋角色。第一次世界大战时，新西兰当时的人口约100万，是参与此次战争的所有国家中按人口计死亡率最高的国家，澳大利亚则是这次战争中伤亡率最高的国家。

正在筹建南半球第一个孙子兵法研究会的澳洲华人丁兆德告诉记者，孙子说，战争是“国之大事”，关系到国家的存亡和百姓的安危，必须慎重对待。尽管历史上澳洲的本土几乎没有发生过战争，但澳洲的军队却参加了第一次和第二次世界大战及朝鲜战争、越南战争等多场战争，先后有10多万士兵在战争中阵亡，这让每个澳洲人刻骨铭心。

在澳大利亚首都堪培拉，有一座为纪念二战澳大利亚阵亡的战士而修建的战争纪念馆。从空中俯视，纪念馆呈十字架形，远望就像一座坟墓，而时装店口就像墓道。纪念馆的水池中有一个祭火盆，火永远不熄灭，以示战争中死去的战士亡灵永存。

战争纪念馆内建有三个主大厅：第二次世界大战展厅、布莱德拜瑞战机展厅以及澳纽军团展厅。每一个展厅内都陈列着大量战时的兵器、图片、模型等。二战馆陈列着被击沉的潜入悉尼湾的日本海军微型潜艇，让人身临其境，仿佛回到了残酷的战争现场。

有人参观战争纪念馆后在博客上写道：战争从未让肉体和灵魂走开过，肉体倒下，灵魂升天。无论战争输赢，带给人间的痛苦和喜悦是一样的分成。父母失去儿女，妻子失去丈夫，孩子失去父母，不仅仅是一代人的记忆，而且是世世代代的伤痛。

澳洲华人表示，澳洲人对战争深恶痛绝，除了澳新军团日，每年的11月11日为澳大利亚战争纪念日。在这一天的上午11点，每一个澳大利亚人会在全国的各个角落默哀一分钟，向战争中英勇献身的将士表示哀悼。《孙子兵法》提出战争是“祸事”，是“灾难”，主张“不战”、“慎战”。澳洲人之所以把战败作为国家节日，是要铭记历史、珍爱和平。

美国研究员论孙子慎战与止战思想

美国海军分析中心研究员丹尼尔·M. 哈特尼特表示，孙子思想对现代战争很有借鉴意义，尽管《孙子兵法》的主体是指导如何作战，但它同时也包含了慎战与止战的重要思想，提出只要有可能，就应当力求止战。鉴于现代战争的巨大代价和毁灭性，孙子这一思想今天仍旧很有指导意义，必须牢记。

哈特尼特说，孙子在阻止危机和战争方面最著名的话莫过于“百战百胜，非善之善者也；不战而屈人之兵，善之善者也”。孙子坚定地认为，要防止战争的爆发，“屈人之兵而非战也，拔人之城而非攻也，毁人之国而非久也”。换句话说，打仗最重要的一点是，首先要实施避免战争的政策和战略。

美国海军分析中心研究员哈特尼特

孙子在2500年前告诫我们要慎战的原因与今天是一样的，因为战争代价巨大和毁灭性强，通常会使一个国家战后的情况比战前更糟糕。哈特尼特阐述说，因此，孙子建议采取非作战手段保卫国家。孙子首先建议的是“上兵伐谋”，即搅乱对手的战备以及作战计划，挫伤对手发动战争的信心；第二是通过“伐交”来牵制和削弱对手。只有当上述两种手段穷尽之后才能开战，攻城之法为不得已。

哈特尼特认为，孙子的这一思

想就是今天的遏制思想，尽管《孙子兵法》中没有使用这一术语。遏制战争的理论强调威胁对方，让对方不敢贸然采取行动，事实上就是对方若敢行动，必将受到惩罚。

遏制战争的理论是美国哈佛大学肯尼迪政府学院政治经济学教授托马斯·C. 谢林在代表作《冲突的战略》一书中提出的，他在博弈论领域做出贡献，在2005年与罗伯特·奥曼分享了诺贝尔经济学奖。西方学者认为，孙子思想与博弈论其实是同出一脉，《孙子兵法》甚至可以称得上是最早的博弈论了。

哈特尼特介绍说，现代遏制战争理论强调成功进行遏制的三个必要条件：一是强大的军事报复手段，二是军事报复的决心和意志，三是向对手明确表达确实要进行报复的决心。《孙子兵法》只强调了前两点，后一点没被孙子采信。孙子认为在危机阶段切断与外界沟通渠道，这样做可能带来无法预料的误解和冲突升级，这样就与遏制理论背道而驰。

谈到一旦开战怎么办，哈特尼特说，孙子提出多条建议，强调要谨慎开展军事行动，否则可能在不经意间处于不利境地。他提出要积极备战，以及掌握战场主动权的重要性，否则就会被动挨打；他提出“知彼知己，百战不殆”，要求国家慎重对待打不赢的战争，告诫自身力量不及对手的一方，发起进攻肯定要失败的。

哈特尼特认为，尽管有时国家很难选择战与不战，很难下决心到底是开战有利还是选择其他方式有利，但鉴于现代战争的破坏性，以及战败所带来的毁灭性，孙子的慎战与止战思想对现今仍然很有指导意义。

好莱坞越战大片引发反战银幕浪潮

记者在好莱坞环球影城看到，战争大片的海报、战争大片拍摄的场景、战争大片部分片段的演绎，把参观者带进了血淋淋的战火之中，令参观者产生极强的恐惧感和伤痛感。美国军方支持的好莱坞战争大片已超过1000部，而好莱坞战争大片中表现最残酷、最血腥的莫过于越战片。

越战片是美国影坛上一个独特的片种，也是好莱坞战争片中的重要组成部分，40余年来一直是好莱坞导演们拍摄的题材。这些影片或通过真实的战争场景描写越战的残酷，或者描写生命的可贵，或探讨战争给美国人带来的不幸，从而引发了一股股反思越战的银幕浪潮。

越战是二战以后美国参战人数最多、影响最重大的战争。从1961至1975年，美国入侵越南，发动长达14年的越南战争。这场战争不仅使美国越陷越深，而且使美国丢尽了脸面，并付出了伤亡41万多人的代价，最终不得不以失败告终。如此好的一个战争题材不能不吸引好莱坞的眼光。

越战影片从英雄主义到反思灾难，好莱坞对于越南战争的描写基本上都站在怀疑、批判的角度。1978年，迈克尔·西米诺的《猎鹿人》和亨利·阿什比的《回家》，向人们展示了战争时期前方和后方截然不同的场面，掀起了第一股反思越战的银幕浪潮。《猎鹿人》讲述三个军人在越南战场上的不同结局，描写了战争带来的恐惧和人性扭曲，把战争的无意义

美国华盛顿越战纪念墙

和破坏本性赤裸裸展现在观众面前。

《第一滴血》描写的是在美军特种部队退役的兰博在越南战场上卖命，自己的兄弟们都死了，只剩下他一个人。回国后他无法融入美国社会，成了流浪汉，没有人雇用他，人们对他总是一脸的防备，还受到警官的驱逐和虐待。战争带给他的伤害是无法抹掉的，战争的后遗症也让他生活维艰、心情压抑，看了让人揪心。

在所有越战电影中，《现代启示录》被评论界认为是最深刻、最有代表性的一部越南战争影片。该片以其宏伟的叙事方式，将炮火漫天的越战塑造成人类末世的地狱景观，成就了科波拉对于战争使人异化的深切反思。一位越战老兵的评价成为对该部影片的最高褒奖："如果有人问我越战是什么，我就请他去看《现代启示录》。"

同样具有深刻反思内涵的影片还有库布里克的代表作《全金属外壳》，记录了一个普通士兵在战争各个阶段不同的心理历程，其表现内容从战争场面的震撼深入到参与战争的人物内心之中。该片纪实风格强烈，反战意识坚定，矛头直接指向战争本身和战争意识，称之为"反战经典"绝不过分。

著名大导演奥利弗·斯通曾是越战老兵，那段日子成了他永远挥之不去的痛苦记忆。他先后拍摄了《野战排》《生于7月4日》和《天与地》，形成"越战三部曲"，这些影片毫不留情地描绘了战争的疯狂。《野战排》成为震撼美国人心的电影，狂扫美国各大影院的票房。这三部影片获奥斯卡奖之后，这位大导演第四次涉足越战片，将揭秘美军在越南臭名昭著的"美莱大屠杀"。

美国前国防部长罗伯特·麦克纳马拉曾积极支持并亲身指挥过越南战争，他在一部名为《战争之雾》的越战的好莱坞纪录片中公开承认越战是一大错误，而对许多美国家庭来说更是一场灾难。

美国孙子研究学者认为，好莱坞越战大片融入了对人性、对战争、对现代文明的哲学思考，引发反战银幕浪潮，让美国观众深切体会《孙子兵法》的"不战"、"慎战"的和平思想。记者在好莱坞中国剧院前看到国际著名影星和导演成龙写下的"我爱和平"，这代表了相当一部分好莱坞战争大片导演和影星的心声，其中不乏奥利弗·斯通这样的"反战先锋"。

被遗忘的朝鲜战争及好莱坞影片

坐落在美国华盛顿国家广场的朝鲜战争纪念碑，纪念着在这场战争中失去生命的54269个美国人，其用意是想告诫美国人永远不要忘记那场被称为“被遗忘的战争”的战争。

而朝鲜战争确确实实被美国人遗忘了。在美国银屏上，反映朝鲜战争的影片约有13部，像1951年《钢盔》、1952年《决不撤退》、1953年《战地天使》、1954年《战舰英雄》、1955年《独孤里桥之役》、1956年《沙场壮士赤子心》、1957年《悍将》、1959年《猪排山》等影片。这些影片知名度都不高，早已被美国观众忘却。

有电影评论家称，好莱坞习惯歌颂胜利、塑造英雄，但朝鲜战争在三八线停止，是一场没有胜利的战争，这让好莱坞不明白它究竟是胜利还是失败。好莱坞反映朝鲜战争的电影实在不多，堪称大制作的更是凤毛麟角。美国观众也评论说，这13部朝鲜战争影片都讲述了一场被遗忘的战争，所以影片也同时被遗忘。

《钢盔》是公开发行的第一部有关朝鲜战争的好莱坞大片。该影片真实再现了朝鲜战场的残酷现实。与其说该片是表现朝鲜战争，倒不如说是表现了美军内部的各种种族背景的人在战争中如何处理相互之间关系的。因此，该片曾经被批评为“批判美军”。

《战舰英雄》通过航空母舰的军医向朋友叙述战事的方式，想给予观众一种客观的角度。美军飞行员都希望早些完成任务，早些吃上一顿热饭，回到温暖的被窝进入梦乡。然而，战争是残酷的。许多经历了二战的老飞行员总是在自问：为什么要来朝鲜打仗？

《独孤里桥之役》1956年获第28届奥斯卡最佳效果奖。影片再现了美军对参加朝鲜战争的意义感到迷茫。影片人物两次悲叹他们的战争是

"在错误的地方打的一场错误的战争"：第一次是航空母舰司令回忆他两个儿子在二战对日作战中牺牲，哀叹朝鲜战争不值得牺牲这么多人命；第二次是主人公布鲁贝克中尉在与朝鲜士兵枪战中，预感到自己必死无疑而发出的哀叹。

《沙场壮士赤子心》反映了战争残酷和军人良心之间的冲突。影片中主人公的这一段自白被认为是经典的反省："也许，我通过战争的痛苦，最终做出了我以前一直未能做出的善行。我在超越自我中，找到了自我。"

《猪排山》由当红明星格里高利·派克主演，讲述发生在朝鲜的战争故事。影片由米高梅公司出品。影片描述的战役就是中国影片《上甘岭》所再现的上甘岭战役。据说担任影片军事顾问的就是当年率兵进攻的美军连长。导演试图通过影片中残酷的战斗场面，让观众知道为政治权利斗争而死去是多么不值得。影片再次对美国参加朝鲜战争"为自由而战"提出了质疑。

《猪排山》虽然有着精良的制作、一流的导演水平、豪华的演员阵容，但是却几乎没有在影史留名，这也许与朝鲜战争在美国"被遗忘"有关。

这场战争被美国人称为"被遗忘的战争"，绝对不堪回首。正如美国电影史专家理查德·梅尔所说，美国人不知道该怎样描绘一场看起来胜利，但实际上失败了的战争。美国人对于朝鲜战争的历史回顾是极其艰难的。于是，在美国国内的历史教材上，朝鲜战争也越来越多地被模糊了本来的面目，甚至悄悄地消失。

具有讽刺意思的是，今年6月25日是朝鲜战争爆发60周年纪念日，也是流行音乐巨星迈克尔·杰克逊逝世周年忌日，美国媒体将杰克逊去世一周年及其豪宅能卖多少钱刊登在显著位置，而对朝鲜战争爆发60周年的报道却是轻描淡写。正如一位好莱坞影迷所说，一场被遗忘的战争不会有卖点的，没有卖点的片子必赔本，好莱坞岂敢违背市场法则？

美国朝鲜战争纪念碑

《孙子兵法》成为好莱坞反战影片的“灵魂”

好莱坞环球影城推出让游客亲身体验电影场景拍摄的项目，每天座无虚席。其中战争大片最吸引世界各国游客的眼球，“世界大战”、“水上大战”，让人目睹战争惨烈与惊险。

好莱坞环球影城的导游对记者说，好莱坞许多战争大片描写战争的残酷和人性的悲哀，好莱坞愿意反思战争、批判战争、回味失败、赞美和平。《西线无战事》《光荣之路》《拯救大兵瑞恩》等作品，赢得了观众对于战争的重新思考，渴望拥抱和平。

第一次世界大战是人类有史以来第一场牵涉国家众多、死伤人数巨大的战争，从爆发之初其合理性就遭到质疑，因此好莱坞表现“一战”的影片也大多以批判战争为出发点。

1930年的奥斯卡最佳影片《西线无战事》描述一战期间一群德国少年兵的经历，处处闪耀着人性的光辉，被推崇为“影史上最伟大的反战电影”之一，是一部具有浓重反战色彩的作品。摄于1957年的《光荣之路》也具有浓厚的反战思想，重复了“一将功成万骨枯”的道理。

以第二次世界大战为历史背景的影片数量、种类、主题最为丰富。其中既有对重大战役的描绘，也有对历史人物的书写，而战争对人性和尊严的摧残、践踏则是他们共同的主题。

《拯救大兵瑞恩》就是宣扬反战思想的一部力作，是一部赤裸裸表现极端暴力，但从骨子里赞美人性与和平的作品。影片讲述了一个美国大兵前去拯救四位参战兄弟中唯一存活者的故事，将人们带到近距离搏杀的残酷场景中去。据说拍摄中镜头经常被血弄脏，当炮火声突然停息后，空气中仍然弥漫着伤兵的呻吟。美国影评人吉恩·西摩称，《拯救大兵瑞恩》代表了最新战争片的走向，致力于表现自然危险和战争的破坏性影响。

此外，影片《桂河大桥》《细细的红线》《克莱利上尉的曼陀铃》《珍珠港》等大量二战及越战题材影片，都试图用战争场面的血淋淋和战争空隙间的温情脉脉作对比，更强调和平的主题，体现反战思想。

冷战时期和伊拉克、阿富汗战争，好莱坞也拍摄了《黑鹰坠落》《太阳的眼泪》《狮入羊口》等一批有力度的反战影片，让观众感悟到死亡与杀戮带给人们对战争的恐惧与无奈，从而厌恶战争，远离战争。华裔导演吴宇森的反战影片《猎风行动》也扬威好莱坞。

好莱坞不仅有勇气制作立意鲜明的反战影片，而且与美国民众一起参与反战行动。美伊战争爆发前，好莱坞明星们纷纷扛起反战大旗，进行了不少反战行动，如百位演艺界知名人士联名上书布什总统，好莱坞影星将全球百万人反战书送至安理会，好莱坞著名影星带领成千上万民众在美国各大城市进行反战游行示威活动等。好莱坞众多著名影星及导演成了“反战斗士”，其中包括美国女影星简·方达。

据悉，美国还成立“不战而胜艺人联盟”，许多好莱坞影星加盟，该联盟名称语出《孙子兵法》，美国前总统尼克松也用它作为书名。孙子提出“不战而屈人之兵”的最高境界受到好莱坞的青睐，成为演绎反战主题影片的“灵魂”。

美国华盛顿的美国二战纪念碑

《孙子兵法》对西方军事思想影响深刻

被人们尊为“百世谈兵之祖”的孙子，历代军事家无不尊崇，并从他的思想精髓中汲取养料。《孙子兵法》传入欧洲后，对法国、英国、德国、苏联等欧洲许多国家的军事思想产生了深刻的影响。尤其是在第二次世界大战后，《孙子兵法》不胫而走，许多欧洲国家的著名军事家和学者越来越认识到它的价值。

第一次世界大战后，英国当代著名军事理论家利德尔·哈特发现了《孙子兵法》在战略思维、战略价值观上的重要启发意义。这位“大战略”和“间接路线”战略的倡导者说，他在二十多年中论述的战略战术原则几乎全部体现在孙子的十三篇之中。

西方学者还把孙子的思想看作解决核冲突的最佳出路。哈特认为，孙子思想对于研究核时代的战争是很有帮助的，因此，要将《孙子兵法》的精华使用到现代的核战略。哈特撰文指出：“在导致人类自相残杀、灭绝人性的核武器研究成功后，就更需要重新而且更加完整地翻译《孙子兵法》这本书了。”

第二次世界大战后，西方战略家再一次“重新发现”了孙子，西方主要国家对孙子思想进行了深入、广泛的研究，以《孙子兵法》为代表的中国兵学价值重新显现。20世纪50年代中期，苏联军事理论家指出，“认真研究中国古代理论家孙子的著作，无疑大有益处”。20世纪60年代初，英国战功卓著的蒙哥马利元帅访华时曾对毛泽东说：“世界上所有的军事学院都应把《孙子兵法》列为必修课程。”

特别是在局部战争和冲突中，孙子的谋略思想和作战方法成为许多西方国家军队认真学习和普遍接受的原则。法国巴黎战略与冲突研究中心龙乐恒认为，克劳塞维茨和总体战争论者都极力主张完全摧毁敌人，相比之下，中国理论家们反对大量破坏敌人物资、杀害敌国人员，强调优俘和重新使用战俘及缴获物资，以便利用敌人壮大自己。

谈到《孙子兵法》在今天的价值，欧洲学者认为，《孙子兵法》的“慎战”思想对现代战争的影响十分巨大。俄罗斯前军事科学院副院长基尔申在题为《孙子非战思想与21世纪的新战争观》的文章中指出，人类社会所面临的各种威胁要求人们重新审视战争行为，孙子的非战思想符合现代新型的战争观。

意大利前国防部副部长斯特法诺·西尔维斯特里表示，《孙子兵法》对后世的影响是非常大的，对西方军事思想的影响也非常大，完全适合当今世界的实际，符合现代战争的实际。因此，孙子“不战而胜”的思想对世界的和平与发展有着重大意义。

这位对未来的核威胁力量颇有研究的地中海地区安全问题专家说，就像最近十多年发生的战争，它们不是世界性的战争，不应该使用核武器。在高科技条件下的现代战争，追求的是局部胜利、相对胜利或不完全胜利，不能把战争的一切手段都用尽。

法国国防研究基金会研究部主任莫里斯·普雷斯泰将军认为，冷战以后，西方世界对东方兵学的认识逐步改变，对孙子的战略思想研究越来越重视，正在重新审视孙子，重新认识孙子价值。通过对东西方兵学思想的比较分析，认为孙子的思想更适合当今世界。

英国伦敦经济学院国际关系专业高级讲师克里斯多佛·柯克博士以《孙子兵法》为理论基础，对美国正在进行的“反恐战争”进行了审视。他分析了美国“反恐”战略的得与失，并以史为鉴对美国“反恐战争”扩大化的倾向提出了警告。

欧洲学者普遍认同，随着科学技术的飞速发展，原子弹、导弹、各种新型作战飞机等新式武器的出现，极大地改变了传统的作战样式和规则，西方传统的军事战略理论已逐步淘汰，而孙子的理论却常学常新。随着主张和平、遏制战争的呼声越来越高，孙子“上兵伐谋，其次伐交”、“不战而屈人之兵”的思想被越来越多的国家和地区所接受，正如利德尔·哈特所告诫的，“由于核武器，人们更需要孙子的思想”。

海外学者普遍认同孙子“止战”思想

美国空军第三航空队前司令、退役空军中将、哈佛大学国家安全项目主任奥尔斯特龙表示，他认为如今讨论孙子兵法与和平发展，讨论孙子的战争艺术，更应当谈的是孙子的止战的艺术、非战争的艺术。包括孙子在内的所有伟大战略家都认为，相比起战争，避免战争更为重要。而相互理解、相互信任的关系，往往可以避免危机事件；敞开谈判或磋商的大门，能够避免当事国采取过激举措加剧危机，让当事国远离危机。接触交流可以很大程度上防止冲突，让外交手段更为有效。因此，止战艺术与战争的艺术同等重要。

美国布鲁基金研究会高级研究员欧汉隆披露，他和美国前副国务卿詹姆斯·斯坦伯格合著的《战略自信与决心：21世纪的美中关系》一书提出，美中能够成功处理彼此复杂的战略关系——双方能够不战而实现各自的核心战略目标，正如孙子所主张的“不战而胜”那样。当然，这需要双方的共同努力。

美国陆军战争学院战略研究所所长拉夫雷斯认为，新战略的范式应当是规划和平而非战争。他说，当前国家安全范式正在改变，不能简单地用公元4世纪古罗马军事历史家普布里乌斯·弗拉维斯的名言“欲求和平，必先备战”来应对。在当前国际安全环境下，这并不适用，甚至会带来危险。那新的国家安全规划范式应是什么样子？他将其称为规划积极的和平维护，其标志是世界大部分地区大多数时候处于和平状态。和平是规范，战争是例外。

韩国孙子兵法国际战略研究会会长黄载皓评价，孙子是和平主义的战略家，他不会只追求利益，决不会只要对本国有利就发动战争。战争不仅威胁老百姓的生命，而且会给整个国家带来巨大的损失。孙子首先要考

美退役中将奥尔斯特龙

虑的是老百姓和国家的共同利益。与其以武力来破灭对方，孙子更愿意维持和平。他重视预防外交、危机管理，追求将战争带来的危害控制到最低程度。孙子极其重视道义，主张各国都应该致力于维护和平。

“战争是由人类实施，也是由人类制止的。”乌兹别克斯坦国际记者汉姆鲁耶夫认为，《孙子兵法》不仅对于打赢战争，同时对于预防和制止战争都极为重要。孙子反对毁灭一切，希望避免战争而非伤人毁城。从这个意义上来说，孙子的理论比任何理论都能更好地让我们了解人类自身。

汉姆鲁耶夫评价，中国伟大的将军孙子“不战而屈人之兵”是对军事理论发展的巨大贡献，成为现代战争理论的基础。在当今战略环境下，孙子的哲学更为弥足珍贵并切实可行。孙子反对毁灭一切，他更希望避免战争而不是伤人毁城，人道主义和正义理想深深根植在孙子时代。

以色列空军司令的埃坦·本·埃里亚胡少将算了一笔账，2003年伊拉克战争的花销包括部队部署200亿美元、战争行动600亿美元、战后和维和活动800亿美元，预计总花销1600亿美元。这样的战争开支对任何国家而言都是非常巨大的。

俄罗斯莫斯科国立国际大学副教授、金钻国家战略计划顾问维克多利亚·帕诺娃表示，今天的世界上，西方所谓先进的发达国家与新兴国家或重新崛起国家之间的紧张关系不断加剧。在这一国际背景下，孙子的理论仍然适用。正如孙子这位伟大的哲学家和战略家所言，赢得战争的最佳途径就是不进行战争，要化敌为友。如果不能化敌为友，就应当让敌人明白战争可能导致的后果和灾难。

塔吉克斯坦总统安全顾问论战争与克制

“知”成为孙子战略中最重要的“智”，“知利害”、“知彼知己”，使孙子达到“智慧”的巅峰。塔吉克斯坦总统安全顾问、前武装力量总参谋长拉米尔·纳德洛夫一口气说了很多“知”与“智”，而他最啧啧称道的还是孙子“不战而胜”的智慧，因为这是国家战略层面最高的智慧。

纳德洛夫认为，在《孙子兵法》创建初期，军事行动实际已经演变为对所有国家生存的威胁。因此，孙子明白，对民众进行战争动员，用兵于实战，都应是极其严肃的事。

孙子提到，军事准备不可废，外交主动也同样必要。首要目的是“不战而屈人之兵”，这是全胜的典范。为了达到该目的，只要有可能，就应采取“伐谋”和“伐交”的手段。只有敌方以军事进攻威胁国家或拒绝让步，政府才能开战。即使做出开战的选择，也应该以最小的风险和代价，取得最大的战果，尽可能减少损失和灾难。

塔吉克斯坦总统安全顾问、前总参谋长纳德洛夫

《孙子兵法》处处强调自我克制的必要性。纳德洛夫接着解读说，领导人制定国家政策和军队行动计划时，决不允许掺杂急躁、恐惧、怯懦、愤怒和仇恨等情绪。军队要立于不败之地，必须要表现出克制。真正的胜利只能通过和平手段来取得，在杀人的愤恨中，从来也没有也不可能有真理。中国的谋略智慧教给我们另一个道理：良将不战而胜。最伟大的士兵是不战之士。

纳德洛夫感叹道，奇怪的是，这样朴素却极为正确的理论西方战略家为何不曾想到过。今天，人类对世界大战的恐惧仍记忆犹新，而我们周围，国际恐怖主义却像草原野火一般蔓延。日常的“战斗值班”就像工厂工人换班，交战各方甚至常常不知道自己行为的后果。

纳德洛夫又回到孙子的“智慧”上：西方的战争理论家往往不具备中国学者的“软智慧”，他们甚至缺乏最简单的预见性——残害生命必然会导致自我毁灭。而中国的战略文化表现了一种极其深邃、贯穿于中国文化始终的生命取向，致力于人与人共存、人与世界和平相处。

纳德洛夫再次重申，中国先贤认为，统帅艺术的颠覆就是善于使用自己的权力和能力，使战争变得没有必要。按中国人的理解，英明的战略家应该痛恨战争，除非极其必要，不会发动战争。中国战略家避免公开对抗，是因为任何对峙对双方来说都是无果的、有破坏性的。战争其实没有也不会有真正的胜利者。

孙子被海外颂称为古代“反战先贤”

英国《经济学家》发表评论说孙子被颂称为古代反战先贤。美国《纽约时报》发表文章说，抵抗运动的战略，是中国军事家孙子发明的。美国《旗帜日报》引用孙子“不战而屈人之兵，善之善者也”，评论说，看起来这是该战略的首要目标，通过扩充不对称军力进行成功的外交胁迫，从而转化为一种兵不血刃的政治胜利。

意大利前国防部副部长、意大利国际事务研究所主席斯特法诺·西尔维斯特里认为，中国的《孙子兵法》与西方的《战争论》最大的区别是，《战争论》要把战争进行到底，而孙子则倡导把和平进行到底。孙子弥补了《战争论》的缺陷。

席斯特法诺说，这部书不是为了战争而写战争，而是为了不发动战争而写战争，不写全部战争而写部分战争或战争准备，不主张毁灭性战争而主张降低战争的灾难。实际上，孙子是讲和平，而不是真正讲战争。孙子既不否定战争，又反对穷兵黩武。孙子战争观的核心就是“慎战”，即谨慎地对待战争。老想打掉别人，自己也会受伤。操之过急就违反了战争的客观规律。

意大利重建共产党国际部法比奥·阿马托表示，孙子的和平主义思想有利于促进世界和平发展和人类共同繁荣。从这个意义上说，《孙子兵法》实质上是一部“和平兵法”，而不是“战争兵法”。在多极世界不平等、不平衡的格局下，更需要孙子和平思想。他比喻说，好比两个人或几个人打架，怎么让他们和解？最好的办法是让他们停下来谈判，如再有人调解就更好，尽量不要往死里打，要当好“维和部队”。

法国战略研究基金会亚洲部主任瓦莱丽·尼凯表示，孙子伐交思想对当代战略思维有很大的影响，对当今世界和平有着重要意义。孙子主张不战而胜，尽量避免战争或把战争的灾难降到最低程度，这种思维十分符合今天的世界。在世界多极化趋势下，孙子的“伐交”的原则也就更为实用。

墨西哥人类学者认为，战争与和平是人类社会的两种基本状态，减少战争就意味着增进和平。人类各种文明应该和平共处，和平是人类的共同追求。中国早在2500多年前的春秋战国时期，孙子就提出战争对人类的危害，战争给人类带来灾难，让人类远离战争，降低和减少战争对人类的威胁。

拉美孙子研究学者指出，当前世界范围处于以和平发展为主流的时代，孙子的和平思想对拉美各国具有重要的指导意义。《孙子兵法》所蕴含的“慎战”、“不战”的和平思想，正照耀着分布在31个国家和地区的拉美人民。中国感动拉美，源自和平发展；美丽的拉美崛起，需要走自己的和平发展之路。

印度学者认为，甘地非暴力哲学符合孙子和平理念。尽管人类尚不能消除战争的根源，但是却可以借鉴倡导人道主义与和平精神。甘地非暴力和平思想，与《孙子兵法》主张不战、慎战，理性认识和控制战争和平理念是相同的。借助中国先贤和印度圣雄的和平思想，可以遏制战争和恐怖主义威胁。

韩国孙子兵法国际战略研究会会长黄载皓指出，在21世纪，以《孙子兵法》为代表的传统意义上的兵法将如何面对构建和谐社会、和谐亚洲、和谐世界这个目标呢？毋庸置疑，《孙子兵法》的战略思想、全胜思想仍然具有勃勃生机，仍然对全世界具有一定的指导作用。共赢和全胜是全人类的必由之路、唯一选择。

瑞典皇家战争科学院执行董事卡里斯

“人类社会的普世价值只有一种，那就是和谐发展。”加拿大联邦参议员胡子修表示，《孙子兵法》蕴含着崇尚和谐的思想光辉，被东西方普遍接受。孙子提出的“同舟共济”是逆境中相处的智慧，当今世界危机不断、竞争不息，孙子的这一理念对海外华人华侨尤具启发性。

全球学者为“孙子威胁论”鸣不平

《亚洲周刊》总编辑邱立本坦言，过去中国之所以没有在全球大张旗鼓地打《孙子兵法》牌，因为它是一部兵书，怕产生误解，怕大家一听到兵法就毛骨悚然，认为是要打仗。随着这部兵书在全球自发传播，许多人都明白，它与西方的《战争论》不同，其实是一部讲和平的书，孙子不是让人对抗，而是教人圆融。

像邱立本这样为中国孙子鸣不平的，在全球有许多学者。他们认为，如今中国重视推动包括孔子儒家学说、孙子兵家文化在内的中国的优秀文化走向世界，在经典文化层面上进入全球化体系，正在显示孙子“不战而屈人之兵”最高境界的微妙力量，谈不上有任何“威胁”的成分。

英国《经济学家》发表题为《孙子和软实力之道》的文章称，被全球管理精英推崇的孙子能让中国更具吸引力，孙子还被颂称为古代反战先贤，理由是他那句妇孺皆知的“不战而屈人之兵”。还有什么比这更能证明中国是个爱好和平的国家呢？该文还指出，“软实力”概念的首倡者约瑟夫·奈也认为软实力和孙子有关联。而唯一未受过抨击的中国古代思想家孙子正逐渐走到台前。

欧盟前驻华大使安博

俄罗斯前军事科学院副院长基尔申在题为《孙子非战思想与21世纪的新战争观》的文章中指出，人类社会所面临的各种威胁要求人们重新审视战争行为，孙子的非战思想符合现代新型的战争观。

美籍华人学者薛君度是著名的历史学家、国际问题专家，出版过《孙子兵法与新世纪的国际安全》《孙子兵法及其现代价值》等孙子专著。在旧金山举行的美国政治学会第92届年会，世界各国6000余人与会，薛君度以亚裔政治学者组织负责人的身份，组织并主持讨论“中国威胁论”的圆桌会议，评驳“中国威胁论”。

美国UPRESS.COM网站发表文章说，建立在古代战略上的新中国与认为应该完全摧毁敌方城市和人民的西方战略家不同。孙子在今天有很多话对我们说，中国无可置疑地正在崛起，但中国的崛起方式却十足建立在这位古代战略家的思想上。

西方学者称，一个以兵法著称的中国古代人物，为何能作为中国软实力的象征在全世界传播中华文明？从2003年开始，中国提出和平崛起、和平发展，而伴随着美国在阿富汗、伊拉克旷日持久的战争，还有比说出“善用兵者，屈人之兵而非战”的孙子，更具有和平思想号召力的人吗？

从“中国崩溃论”到“中国威胁论”，从“中国机遇论”到“同舟共济论”，西方世界对中国的论述几经变异。如今中国愈来愈有机会输出软实力，对全球做出贡献。中国遵循孙子“同舟共济”的教诲，踏上了跟全球各国文化密切接触的征程，这是过去未曾有过的机遇。整理和输出中国的传统与经典，这是中国目前的优势。邱立本如是说。

《孙子兵法》让战争走开

海外学者认为，《孙子兵法》虽然没直接讲和平，却道破了在战争中创造和平的玄机。

一位墨西哥人在“墨西哥·中国文化节”上看了孙子故里山东孙子文化展示后说，长期经历战争的墨西哥人痛恨战争，酷好和平。中国的孙子是让战争和灾难走开的兵神，孙子所倡导的是用谋略来延缓和遏制战争，而不是无限制地扩大战争。与墨西哥人持有相同观点的在全球有许许多多。

香港《亚洲周刊》总编辑邱立本坦言，过去中国之所以没有在全球大张旗鼓地打《孙子兵法》牌，因为它是一部兵书，怕人家误解，一听到兵法就毛骨悚然，认为是要打仗。随着这部兵书在全球自发传播，许多人都明白，它与西方的《战争论》不同，其实是一部讲和平的书，孙子不是让人对抗，而是教人圆融。

意大利前国防部副部长斯特法诺·西尔维斯特里认为，中国的《孙子兵法》与西方的《战争论》最大的区别是，《战争论》要把战争进行到底，而孙子则倡导把和平进行到底。《孙子兵法》不是为了战争而写战争，而是为了不发动战争而写战争，不写全部战争而写部分战争或战争准备，不主张毁灭性战争而主张降低战争的灾难。实际上，孙子是讲和平，而不是真正讲战争。孙子既不否定战争，也反对穷兵黩武。

瑞士苏黎世大学著名谋略学家胜雅律对比说，《战争论》讲运气、讲战术，是短命的，比《孙子兵法》讲谋略、讲智慧差远了；《战争论》以毁灭为目标，一味强调武力、野蛮、血腥，而孙子倡导文明、和平、不流血，境界要比《战争论》高得多。胜雅律感叹道，《战争论》催生并推动了欧洲大战和世界大战，但经历了两次世界大战的不少欧洲战略家和军事家都有一个共同的遗憾，就是受《战争论》的影响太深，没有早一点看到《孙子兵法》。毋庸置疑,《孙子兵法》超越了《战争论》,更新了西方人的思维。

美国北加州作家协会会长林中明预测,21世纪人类最大的战场不在沙滩,不在平原,不在海洋,不在沙漠,也不在太空,而是在每个人心中。最伟大的文明是“不战而屈人之兵”,产生正向的力量,将斗争转至和平,并且以这个最优雅平和的方式开拓21世纪。

墨西哥人类学者认为,战争与和平是人类社会的两种基本状态,减少战争就意味着增进和平。人类各种文明应该和平共处,和平是人类的共同追求。中国早在2500多年前的春秋战国时期,孙子就提出战争对人类的危害,战争给人类带来灾难,让人类远离战争,降低和减少战争对人类的威胁。

印度学者认为,甘地非暴力哲学符合孙子和平理念。尽管人类尚不能消除战争的根源,但是却可以借鉴倡导人道主义与和平精神。甘地非暴力和平思想,与《孙子兵法》主张不战、慎战,理性认识和控制战争和平理念是相同的。借助中国先贤和印度圣雄的和平思想,可以遏制战争和恐怖主义威胁。

“人类社会的普世价值只有一种,那就是和谐发展。”加拿大联邦参议员胡子修表示,《孙子兵法》蕴含着崇尚和谐的思想光辉,被东西方普遍接受。孙子提出的“同舟共济”是逆境中相处的智慧,当今世界危机不断、竞争不息,孙子的这一理念对海外华人华侨尤具启发性。

美国战略与国际关系研究所太平洋论坛主席科萨

韩国孙子兵法国际战略研究会会长黄载皓说,《孙子兵法》作为中国传统军事文化的瑰宝,蕴涵着和平、和谐的哲理。在21世纪,以《孙子兵法》为代表的传统意义上的兵法面对构建和谐社会、和谐亚洲、和谐世界仍然具有勃勃生机,仍然对全世界具有一定的指导作用。共赢和全胜是全人类的必由之路、唯一选择。

第二章　孙子伐交与世界和平

板门店见证“伐交”经典案例

记者来到距平壤160公里的板门店，这里原先是朝鲜半岛西南部的一个小山村，村里有一个用门板搭成的酒馆兼小杂货铺，便于往返于首尔和平壤之间的商人住宿购物，因此得名。朝鲜停战协定在这里签字，使板门店这个名不见经传的小山村扬名于世，并被称为“停战村”，它在战争中创造了和平的契机。

据介绍，板门店是朝鲜战争停战谈判会场，也是朝鲜战争停战协定签署会场。朝鲜停战谈判最初在北方控制的开城市郊来风庄进行，1951年10月10日移到军事分界线的板门店。当时，这里什么建筑也没有，只好以一些临时搭起的军用帐篷作为谈判会场，从而敲开了板门店停战协定签字厅的大门。

《孙子兵法》说“上兵伐谋，其次伐交，其次伐兵，其下攻城”。朝鲜战争谈判时间漫长，而板门店见证了“伐交”的经典场面。双方第一次停战谈判于1951年7月10日在开城举行，朝中方提出停火、恢复“三八线”为朝韩边界、外国军队尽快撤离三点建议，韩美方并没有接受这一建议，要求将停火分界线放置在朝中方控制地区，第一次谈判破裂。

板门店是朝鲜战争停战谈判会场

联合国军方代表在谈判第二项议程时，拒绝朝中方以

“三八线”为军事分界线的合理主张，侈谈海、空军优势，以所谓“补偿”其海、空军优势为借口，无理要求将军事分界线划在志愿军和人民军阵地后方，企图不战而获取1.2万平方公里的土地。联合国军方这一要求遭到朝中方拒绝后，竟扬言“让炸弹、大炮和机关枪去辩论”。

第二次停战谈判在10月25日重新恢复，地点改在了板门店。由于双方的条件过于悬殊，停战谈判整整进行了两年，上演了世界战争史上最漫长、最艰难、最富戏剧性、最明争暗斗的心理较量。

板门店北侧的朝鲜人民军少校介绍说，在这两年中，在双方的防御线上，密集地部署着200多万人的大军，构筑了世界战争史上最漫长的、最复杂的、最坚固的防御工事。联合国军的防线被称作“一道不可逾越的死亡深渊”，中国军队防线上数十万官兵开始建设世界上最浩大的地下防御工程，被称为“闭居洞中的龙”；联合国军毁灭性的轰炸被称为“空中绞杀战”，中国军队同时进行了规模空前的防空战斗……

经过所有反对战争、要求和平的人们的共同努力和中朝两国军队的浴血奋战，边打边谈、以打促谈，于1953年7月27日上午10时双方签署了《朝鲜停战协定》。停战协定签署的前一天晚上，100多名中、朝、韩三国工人经过通宵达旦的施工，在板门店奇迹般地建起了一座具有朝鲜民族风格的飞檐斗拱的凸字形建筑——停战协定签字大厅。

《朝鲜停战协定》的签订，标志着历时三年多的朝鲜战争宣告结束，但未达成一个永久和平计划，未能解决朝鲜半岛南北统一问题，直到60年后的今天，朝鲜半岛依然是分裂的两个国家，板门店也仍然成为战争与和平的分界之处，紧张对峙的世界注目之地。

让人欣慰的是，距板门店四公里非军事区内，绿色的田野透出些许和平气息，这里建起了24座建筑物，北方建筑了“板门阁”、“统一阁”，南侧建有“自由之家”和“和平之家”，分别作为北、南双方联络机构所在地和对话场所。北方还矗立了一块金日成逝世前有关南北统一的亲笔题词碑。在朝鲜国际友谊展览馆，也展示了朝韩最高领导人金正日和金大中高举的和平钟，表达了“由我们民族自己”同心协力，早日实现南北统一的信念。

日本教授谈孙子的“攻城”与“伐交”

“中国在二战时期成功地对日本使用持久战，战略性地扭转了力量强弱，耗尽了日本有限的资源。”日本新潟大学教授吴嘉宝回顾日本侵华战争时，不无感慨地说，正如孙子警告的“攻城则力屈，久暴师者国用不足”。

2500多年前伟大战略家孙子的智慧能够指导我们看到事实真相。吴嘉宝说，鉴于战争仍然是改写政治地图的主要方式，因此，孙子会继续影响大国的领导人。

吴嘉宝举例说，如苏联深陷阿富汗泥潭，虽不是其解体的唯一原因，但也是关键的催化剂。特别是苏联无法补充其枯竭的战争资源的时候，攻城带来的战争久拖不决有时会致使冲突升级，如果不加约束，还会发生升级的连锁反应，使战争成本升高到灾难性的水平。

日本新潟大学吴嘉宝

2003年伊拉克战争中，当美军占领敌方城市并在城市巷战，广为人知的噩梦发生了。吴嘉宝描述说，城市巷战吞噬了士兵和物质，这是最糟糕的作战方式，2004年阵亡的士兵数量远超一年前巴格达战役中的伤亡人数。截至2014年1月，在伊拉克自由行动中有超过4400名军人阵亡，大约32000人负伤。伤亡数据本身就为美国从伊拉克撤军提供了有力的理由。

吴嘉宝说，由于阿富汗和伊拉克持续消耗美国的资源，又适逢全球金融危机，其他地区开始担心美国维持领导地位和现行秩序的决心和能力，亚太再平衡就是对这种怀疑的回应。

美国借鉴《孙子兵法》学到了一课，对其政策认真检讨：攻城是最坏的选择。吴嘉宝说，此后在支持阿拉伯之春、干涉叙利亚内战、乌干达危机等，美国行事极为谨慎，尽管提供援助，实施有限的空中打击，但有一件事情绝不轻易做，那就是出兵。

学界通常认为，孙子是不赞成战争的。吴嘉宝评价说，孙子实质上建议要“慎战”。作为一个战略家，他的目的是确保胜利，而攻城伐兵是第三位的选择，因为他深知“攻之灾”。

“发动战争比结束战争容易。”吴嘉宝认为，战争的计划不只是作战那么简单，更重要的是战争的终结——何时，何种状态，如何结束。攻城久了会造成严重的战略后果。攻城从来不是最好的选择，巨大的花费不断提醒我们，这是对我们最不利的政策选择。

吴嘉宝比较说，比起攻城伐兵，孙子提出的伐交不可小视。外交的潜能，特别是结盟的潜力得到广泛认可，东西方皆然。中国战国时期苏秦和张仪的合纵连横、伯罗奔尼撒战争时的联盟、欧洲协调和俾斯麦的同盟体现，充分地显示了大国外交独特的优势。

郑和是践行“伐交”的和平使者

记者来到印尼华人文化公园，园内有座郑和纪念馆，大门前的河边矗立着郑和雕像，是从中国订制的。馆内有郑和图片展览，展示了郑和的历史事迹。该纪念馆由印尼华人企业家江庆德捐资建设，他认为，郑和是了不起的人物，只有接受郑和的精神，世界才会和谐，华人才能跟友族一起安居乐业，共同繁荣印尼。

印尼郑和纪念馆的李先生得知“孙子兵法全球行”记者来到印尼采访并专程来寻访印尼郑和纪念馆，敬佩地对记者说，孙子和郑和都是中国的伟人，都是华人的骄傲。孙子崇尚智慧、倡导和平，体现了中华文化的核心价值；而郑和是践行孙子思想的伟大和平使者，是伟大的航海家、外交家，具有超凡的勇气与智慧。

2005年，记者“探寻郑和之路”曾造访过印尼三宝垄。郑和七次下西洋三次都抵达千岛之国印度尼西亚，并到过其众多小岛。在印尼至今还保存着许多三宝公的遗迹，流传着郑和许多动人的传说。印尼东爪哇郑和基金会主席柳民源告诉记者，泗水的清真寺是世界上第一个以郑和名字命名的清真寺，之所以采用这种独特设计，是希望多种宗教文化能够相互尊重、和平共处。

“当时郑和带来了许多中国瓷器、丝绸、茶叶，而不是血腥、掠夺或者殖民。直到今天，他仍然作为友好和平的使者而被世人铭记，这对印尼人的生活产生了很大影响。”这番话是当地华人华侨说的，记者记忆犹新。

确实，郑和船舶庞大、种类齐全、武备精良，在600多年前的海上首屈一指。但是，郑和始终积极推行孙子的“伐交”思想，充当和平使者。在下西洋过程中，难免发生误会，郑和则是忍辱负重，化干戈为玉帛。例如，第一次下西洋时前往印尼爪哇，明使团误遭其西王军队残杀170人，郑和采取忍辱负重的克制态度，只令其纳金赎罪，从而避免了一场大规模的厮杀，和平友好的诚意在东南亚各国深入人心。

满拉加国（今马六甲）变得强大以后，曾经想要强占印尼旧港，与爪哇发生冲突。后来通过郑和的调停，两国平息了争端。苏门答腊国内发生王位之争，该国王后在亲生儿子和继子之间左右为难，也是请郑和去排难解纷。

郑和首次踏上印尼三宝垄的土地，把爱好和平的民族精神留在了这里。当年，这里是一片蛮荒之地，人们为了纪念郑和，将这块地方命名为三宝垄。在郑和离开之后数年，印尼政府开始在这里设立行政机构。

郑和忠实地执行了明朝政府和平友好政策，运用各种外交手段，竭尽全力，广交邻邦，缓和矛盾，慎重进取，成为中国和平友好的使者，受到亚非各国的景仰。亚非局势和平安定，中外交往日益密切。

陪同记者的郭居仁介绍说，印尼上演大型歌舞剧《郑和海军上将》，这是印尼建国以来第一次把郑和的史实正面搬上舞台，成功地塑造郑和这个和平使者的伟大形象，揭示了600多年前郑和和平船队的远航对现实世界的教益。

从“探寻郑和之路”到“孙子兵法全球行”，记者通过两次印尼之行感悟到，我们推崇孙子、纪念郑和，是向世界说明，热爱和平是中华民族的高尚品德和伟大传统，中华民族追求民族复兴的理想，是在国内构建和谐社会，对外奉行和平政策，与世界各族人民共享大同。

甘地非暴力哲学符合孙子和平理念

记者来到位于新德里亚穆纳河畔的甘地陵墓，瞻仰这位被泰戈尔尊称为“圣雄”，即集圣人与英雄于一身的印度国父。此处是焚化甘地遗体之处，陵园呈凹形，肃穆幽雅。在陵园正中静卧着一座黑色大理石陵墓，墓后是盏长明灯，昼夜不熄，这是印度争取民族独立精神的象征。

陪同记者瞻仰的印度朋友介绍说，甘地是印度近代史上一位杰出的政治家，也是20世纪国际政坛叱咤风云的重要人物，他为反对英国殖民统治、争取印度独立奋斗了终生，成功领导了印度的民族解放运动。非暴力的思想贯穿着甘地的一生，他的哲学思想也在印度以外的国家和地区被广泛地接受，影响了全世界的民族主义者和争取和平变革的国际运动。

据介绍，1906年，甘地在南非领导印度侨民反对种族歧视斗争中首先提出“非暴力”学说，后来回到印度，在开展民族独立和社会改革运动中又不断地实践和完善它，使之逐步成为一种较为完整的政治学说。甘地的非暴力哲学，既继承了印度传统宗教与伦理学说，又吸收了许多西方现代政治哲学和人道主义思想，可以说是一种东西方思想的融汇。

甘地的哲学充分印证了孙子“不战而屈人之兵”的最高境界。印度朋友评价说，甘地用非暴力不合作的和平方式，把印度从西方强国大英帝国完全的殖民地变成了一个亚洲大国，使印度实现了独立自主。

二战之后，甘地希望当时的印度能够独立并成为一个完整的国家，但最后，为了印度独立，甘地接受让印度与巴基斯坦分别独立的方案，巴基斯坦成为一个独立的伊斯兰国家。印巴分治之前，面对错综复杂的宗教矛盾和教派冲突，甘地呼吁团结，他主张印度教徒和伊斯兰教徒和平相处。

当今，全球范围内的各种战乱和冲突时起时伏，恐怖主义和海盗劫掠蔓延，大规模杀伤性武器扩散，能源、资源、安全等众多全球性重大挑战日益突出，印度圣雄甘地的非暴力原则再次被提出来，他曾三次被提名为诺贝尔和平奖候选人。

2007年联合国大会决定将每年的10月2日即印度圣雄甘地的诞辰定为“国际非暴力日”，订立非暴力日的目的是希望建立“和平、宽容、理解和非暴力”的文化。联合国秘书长潘基文在致辞中表示，非暴力的永恒力量对所有国家都可以发挥至关重要的作用。非暴力不仅是一个有效的战术，而且也是战略和远见卓识。诸如和平那样的永恒目标只有通过永恒的手段才能实现——那就是非暴力。

印度朋友认为，甘地非暴力哲学符合孙子和平理念。尽管人类尚不能消除战争的根源，但是却可以借鉴倡导人道主义与和平精神。甘地非暴力和平思想，与《孙子兵法》主张“不战”、“慎战”，理性认识和控制战争和平理念，可谓“英雄所见略同”。借助中国先贤和印度圣雄的和平思想，可以遏制战争和恐怖主义威胁。

记者看到，和平鸽在甘地陵园的上空自由地飞翔，无数身着印度民族服装的人们从四面八方赶来，在门前脱鞋，赤脚进入，以示尊敬，令人感受到和平的气息。

印度朋友由衷地说，无论是在现在还是未来，圣雄甘地的非暴力哲学思想都具有重要的意义。愿中印两个东方文明大国回归古代的友好与合作，携手促进人类迈向和平与安乐。

印度民众在甘地陵园瞻仰国父圣雄

中印龙象共舞“合于利而动”

在印度著名旅游景区野象谷，观看精彩的大象表演和一睹野生印度象的风采，无疑是最有吸引力的项目。印度学者古拉尔向记者介绍说，印度传统文化中大象是神圣的，是神话中的智慧之神、破除障碍之神。在冷兵器时代的印度，攻城的利器是箭，撞开城门的先锋则是大象，印度战争中象是重要的兵种，能给敌人带来极大的恐慌。

古拉尔说，中国龙，印度象，一个是翱翔九天的王，一个是威震大地的主。中印龙象可以共舞，2500多年前诞生的中国古代军事经典《孙子兵法》，就蕴涵着这种“天人合一”的思想光辉。

“合于利而动，不合于利而止”，是孙子提出的用兵作战的指导原则。孙子十三篇，几乎篇篇讲“利”，可见，孙子“合于利而动”的原则在其兵法中占有举足轻重的地位。高明的将帅要善于“趋利避害”，不仅要看到眼前的局部利益，而且要着眼于长远的全部利益。

孙子的哲学思想启迪印度人，简单的竞争绝非最高境界，竞争的最高境界是合作，是共赢。古拉尔坦言，中印关系进入了长达十几年的冷战、对抗。事实证明，合作比对抗好，伙伴比对手好，这一观点逐步为印度各党各派的政治家所接受。

古拉尔对记者说，在世界的东方，人口约占世界五分之二的全球最大的两个发展中国家之间的关系，牵动全球的眼光。21世纪，中印关系迎来了快速发展的10年，同是“金砖国家”，中印深化战略合作伙伴关系正面临新的机遇，对于全球新兴市场的开发和世界和平发展，表现都非同凡响。2012年为“中印友好合作年”，让我们看到了喜马拉雅山两边露出了复苏的曙光。

印度总理辛格说：“只要印度和中国用一个声音说话，世界就会倾听。”印度外交部部长克里希纳说，作为邻国，两国具有长久的历史关系，特别是在贸易和文化领域。东方的海上航线，以及丝绸之路或茶马古道是一些比较知名的例子。佛教是两国之间强大的文化纽带。

印度环境和林业国务部长贾伊拉姆·拉梅什也说，一系列的数字与事实证明，印度与中国是天然的伙伴而非敌人，这两大“巨人”最终必须实现合作。印度不仅关注中国，而且开始走向中国。

而在一位欧洲企业家看来，当中国与印度走到一起，两个市场可以结合起来，互为支撑。所以在亚洲，我们看见的不是两头大象或一龙一象，而是一个巨大的机会。

印度《经济时报》撰文指出，中印之间的共同利益大于分歧。未来五年的目标是中印双边贸易年均超过1000亿美元。据预测，印度将成为中国增长最快的大型贸易伙伴，预计中国对印度出口增速将在未来五年内达到每年11.25%的水平。《印度时报》今年初也发表评论称，印度和中国以前所未有的积极姿态进入了新的一年。

《孙子兵法·九地》中说：“夫吴人与越人相恶也。当其同舟而济，遇风，其相救也如左右手。”中印关系风风雨雨60年告诉我们，互利才能合作，合作才能共赢。如今，中印已开始合作能源，重塑气候变化，共建贸易和金融的全球性规则。“中印两大文明古国在当代国际舞台上‘龙象共舞’，正在舞出一个亚洲世纪。”古拉尔如是说。

中国与印度龙象共舞

蒙古学者称和平发展源于孙子思想

蒙中友协秘书长、蒙古国立大学孔子学院蒙方院长其米德策耶教授在接受记者专访时表示，中国坚持走和平发展道路符合孙子思想，对维护世界和平与稳定做出了积极贡献。

其米德策耶是蒙古国首次正式发行蒙语译文版《孙子兵法》的译者，该书成为蒙古国的畅销书。他在蒙古国国立大学孔子学院举办的研讨会上曾作过主题演讲。他认为，中国提出的“和平发展”根源于孙子的观点，用这种观点观察、处理国际问题，有利于化解各种矛盾。

其米德策耶说，《孙子兵法》通篇贯穿着“非战”、和平的崇高理念，追求和平、谋取发展是孙子的核心思想。孙子说：“百战百胜，非善之善者也，不战而屈人之兵，善之善者也。”孙子的这一思想，用现代语言来表达，就是取得世界和平，不仅要重视赢得战争的胜利，而且必须十分注重遏止战争的爆发，如果战争不可避免，也要把战争带来的灾难降到最低程度。

蒙古学者称和平发展源于孙子思想

孙子给我们的启迪是极为深刻的。其米德策耶认为，孙子虽没直接讲和平，但是却道破了在战争中创造和平的玄机，道破了一种以最小的消耗、最小的投入取得最大最优效果的方法论的原型。孙子极力倡导“不战而屈人之兵”，充分体现了一种和平主义思想，对当今世界仍有指导意义。正如军事专家所说，孙子的和平主义思想超越了2500多年的历史，具有超越时代、超越国界的永恒价值和普世价值。

其米德策耶说，和平与发展是密不可分的，没有和平就没有发展。经过30多年的改革开放，中国经济得到飞速发展。中国坚持走和平发展道路，奉行互利共赢的开放战略。中国倡导建设持久和平、共同繁荣的和谐世界，更是博得世界一切爱好和平的人们的赞赏。中国领导人在各种场合都向世界表达一个观点，就是中国无论多强大，永远不称霸。

其米德策耶表示，中国的发展有利于世界和平。一方面，中国作为发展中国家的代表，在国际舞台上的地位不断提升；另一方面，中国经济发展对世界和平的贡献也越来越大。例如，中国积极参与联合国维和行动，中国海军赴亚丁湾、索马里海域执行护航任务等。中国为巩固亚洲和平、促进亚洲发展做出了巨大贡献。中国在世界舞台上发挥着越来越重要的作用，已成为维护世界和平的重要力量。

说到中国和平发展对蒙古国带来利好时，其米德策耶说，“睦邻、富邻、安邻”的周边外交政策对世界和平与发展有积极意义，中国的和平发展对包括蒙古国在内的周边国家的发展有利，带动了蒙古国的经济发展，中国连续10多年成为蒙古国最大的贸易伙伴和投资来源国，蒙古国与中国的关系已提升为战略伙伴关系。

其米德策耶最后说，读过《孙子兵法》的人对中国和平发展道路会有进一步理解。目前世界各国许多政治家和学者越来越认识到中国发展不是威胁，而是对各国有利的机遇。事实证明，中国的发展没有对地区和平发展造成威胁，相反，为地区发展提供了良机。

澳门大炮台见证武力与和谐

大炮台顶层位于澳门博物馆入口处的小山上，此山高约150米，地处澳门城市中心。从大炮台顶层俯瞰，澳门全景尽收眼底。站在子墙和炮口凹槽间极目远望，莲花状的新葡京娱乐城与黑沉沉的大炮构成了同一幅图景，游人以此为最佳背景竞相拍照留念。

大炮台又名圣保禄炮台、中央炮台或大三巴炮台，占地约一万平方米，是澳门主要名胜古迹之一。记者沿着一条弯曲坡道爬上宽大的平台，但见30多门巨型钢炮雄踞子墙边，蔚为壮观。

这里墙高约九米，女墙高约两米，成雉堞状，坚固异常。东南墙角设有碉堡，显示出大炮台对外的防御设计。这些火炮，与澳门松山炮台、妈阁炮台形成一个军事防护墙，再加上望夏炮台居高临下，形成优势军事地形，构成一个覆盖东西海岸的宽大火力网。如《孙子兵法》上所说“夫地形者，兵之助也”。

据介绍，澳门大炮台建于明神宗年间，原为祭天台，后被澳葡政府转为军事防御设施，以防范海盗之用。相传大炮台下有秘道可通往松山炮台，是澳门初期最重要的军事重地。该大炮台与70多处海防遗存分布在中国18000公里的海岸线上，作为中国国防体系的重要组成部分，在明清两代乃至中国近代史上发挥了重要作用，目前已被列入保护方案。

澳门大炮台与其他海防遗存一样，数百年来见证了武力征服与和平安宁。

大航海时代，澳门曾是许多欧洲殖民扩张者觊觎的宝地。葡萄牙等西方列强在来到东方之后，他们首先想到的征服方式就是武力。

1515年，第一个来华的葡萄牙官方使臣皮雷斯就在报告中狂妄地宣称，只要有一艘400吨的船就可以毁灭广东，只要有10艘船就可以征服中国沿海的所有地带。而此后，又有人一再提出征服中国的详细计划。

澳门大炮台

抢先登陆的葡萄牙人花10年时间修建了这座庞大的炮台，并靠着它成功地把其他后来的“海盗”挡在了澳门的海岸线之外。那个时代，大炮台一直是澳门的防御核心。炮台入口处前顶的石雕，记录了此座炮台抗御外敌的战绩。

史书记载，1601年到1627年，荷兰舰队先后五次攻打澳门，曾一度登上澳门海岸，如果不是大炮台上的大炮发威，准确命中荷兰军火库，把荷兰人驱回海上，葡萄牙人在澳门的地位也许已被取代，历史也得重写。不过，那都是殖民者在中国土地上的撕咬，历史同样记载下近代中国之痛。

从1623年至1740年间，大炮台便一直作为城防司令和澳门总督的住所，驻扎重兵。此后300多年中，大炮台向来是不能靠近的军事禁区，直至1966年澳门气象台迁入，才开放为游览区。1996年起，气象台改建为澳门博物馆。

在澳门博物馆里展出有郑和宝船，向世界说明中华民族热爱和平，反对武力征服。当年郑和船舶庞大、种类齐全、武备精良，在600年前的海上首屈一指。但是，郑和始终积极推行孙子的“伐交”思想，充当和平使者。

如今，大炮台上飘扬着象征和平与安宁的绿色的澳门特别行政区区旗。十六年来，澳门恰似一朵恬淡且娴静的莲花，政治稳定，经济繁荣，社会和谐，人民安居乐业。澳门人推崇孙子，纪念郑和，希望与世界人民共建和谐，共享大同。

澳门从战争堡垒到文化共融大展馆

走进位于大炮台山的澳门博物馆，首先映入眼帘的是博大精深的中华文化，有新石器文化，有春秋战国时代的孔子像、《论语》《孙子兵法》竹简，有中国古代武士石像，有明代郑和下西洋的宝船，同时展出了与中国传统文化交融的西方文化。

讲解员介绍说，大航海时代开始后，一批西方人驾帆船来到广州沿海的珠江口，这些被称为“南蛮”的葡萄牙人不仅带来了火铳与大炮，还带来了三棱镜和圣母像。正是从那时开始，全球一体化的大幕徐徐开启，澳门成为东西方文化和文明相遇、对话的前沿地带，东西方文化在澳门开始相互碰撞、交融和渗透。

记者看到，澳门博物馆里正在举办《孙中山与澳门》《盛世危言》展览。中国近代伟人孙中山正是青少年时代在澳门接触西方思想并在海外寻求救国之道，“三民主义”学说及其军事思想也在这里初步形成，他还把澳门作为实现其革命理想的重要基地。

澳门文化协会会长郑国强在接受记者采访时说，澳门作为西方在远东的第一商埠，迅速成为中西文化交流的“桥头堡”，包括儒家学说、兵家文化在内的中国传统文化，从澳门走向世界。

澳门从战争堡垒到文化共融大展馆

1594年，澳门出现第一所西式大学，即圣保禄学院，把包括儒家学说、兵家思想在内的中国传统哲学传播到西方，同时也将西方较为先进的科技、军事，以及天文学、地理介绍进中国。该学院在中西文化交流中起过重要作用，不仅培养了一大批优秀的汉学家，也造就了中国第一代精通西方文明的专家。西方的制炮技术是传教士从澳门传到中国去的。林则徐通过对“澳门新闻纸”的翻译掌握了敌情并接触了近代世界，放眼全球。

17世纪中叶，东西方文化间的相互交流达到一个前所未有的高度，以诸子百家为代表的中国文化大量流向西方。当时西方思想家、哲学家、军事家对中国文化极感兴趣，对中国文化进行了深入研究，使欧洲兴起了汉学研究热。

作为兵家必争之地的弹丸之地澳门，东西方兵学文化也在这里交融碰撞。东方兵学产生于大陆的农耕文化，而西方兵学产生于海洋的商业文化。东方兵学重道，而西方兵学重利；东方兵学重智慧，而西方兵学重兵器；东方兵重不战慎战、和平伐交，而西方兵学重武力征服、攻城略地。

自从15世纪地理大发现以后，西方殖民者开始了对亚洲的入侵。葡人占领满剌加后，就把目标对准了垂涎已久的中国。他们采用各种手段力图敲开明政府因历行海禁而紧闭的国门，并相机占领了澳门。400多年后，澳门这个战争堡垒变成了中西文化共融的大展馆，和平繁荣替代了血雨腥风。

数百年来，随着中国内地居民不断迁入澳门，中国的传统文化也被带入澳门，形成了澳门华人的主体文化。澳门这种华洋并存、兼容并收的文化现象，在于澳门人从未与母体文化割裂，以身为中国人而自豪。对于这种现象，澳门前特首官何厚铧称之为“不同而和，和而不同”，这正是孙子所倡导的。何厚铧珍藏有一部纯金版《孙子兵法》，他也是孙子的推崇者。

过去人们往往只了解世界文明影响中国，而不了解中国文明影响世界，澳门就是最好的见证。博彩业并不能真正代表澳门的文化，东西方文化的融合才让澳门更有独特魅力。包括儒家学说、兵家文化在内的中国许多经典文化是从澳门传到西方、走向世界的。澳门回归后，在发展经济的同时，澳门人对中国传统文化的继承和认同也不断加强。

柳元麟海峡两岸传兵书

1975年，在文物出版社公开出版《银雀山汉墓竹简》后，中国学者即纷纷投入对竹简兵书的研究，柳元麟就是其中一位突出代表人物，他通过“鸿雁”将兵书从台湾传到了海峡对岸。

柳元麟别名天风，祖籍浙江慈溪，1997年在台北去世。他生前于兵法素有研究，早在1957年冬即写成《孙子新校解初稿》，并将所著心得数篇发表于台湾《东方杂志》等报刊。

1972年，山东临沂银雀山出土《孙武兵法》《孙膑兵法》及其他典籍竹简2942枚，《文物》月刊发表《临沂银雀山汉墓发掘简报》《略谈临沂银雀山汉墓出土的古代兵书残简》和《临沂汉简概述》等三篇文章。至此，世界军事学名著《孙子兵法》原貌遂大白天下。消息传来令柳元麟十分感叹：《孙武兵法》为中华民族先圣的杰作，是中华传统文化精粹之一，如今加以整理而公之于世，实属难能可贵！

此后，柳元麟钻研《孙子兵法》愈益精深，而见解亦不同凡响。他考证，过去公认首先注释《孙子兵法》者为汉末曹操，但自银雀山出土《孙武兵法》残简以后，证明在曹操注释孙子前后，历代均有注释者，而流传较广的，有宋本曹操等十一家注、宋本武经七书、明本武经直解、清本孙校十家注、民国陈启天著孙子校释、魏汝霖著孙子今注今译等，其他注释者为数难数。自山东汉墓孙子竹简出土后，亦出版《孙子新注》等多种。

柳先生以为，前述孙子各家注释本，其功于世非浅，但缺憾亦属难免，遂竭诚著述。至1986年他终于完成力作《孙子新校解》。台湾《孙子今注今译》著者魏汝霖阅后认为，新校许多创见既与古人不同，亦与今人（包括弟本）有异，盖研究贵在异，而不在同，如此方可探讨出真理焉。于是，柳先生便将《孙子新校解》于1987年交由台湾“中华兵学研究社”出版。该书为精装本，共500页，出版后颇受欢迎，1988年再版。

1989年，柳先生在台湾《联合报》上得知联合国教科文组织将在中国大陆举办孙子兵法国际研讨会，决定将《孙子新校解》一书提供学术会参考。因原书厚重，寄送不便，柳先生又将其大作择要浓缩后，赶印成40页的小册子，一面急向联合国教科文组织相关机构所在地法国巴黎寄去50本，同时又设法向此次会议所在地孙子故里山东省惠民县寄送。

当时，海峡两岸尚未正式通邮，寄送几十本小册子相当困难，而会期又迫在眉睫。柳先生趁好友应昌期将赴大陆出席围棋决赛之机，让他把几十本《孙子新校解》带到杭州。因围棋赛事在即，应昌期又将兵书转交柳先生旧友曹天戈联系办理。

曹天戈得到旧友兵书后，激动之余，无奈身体欠安，便急托柳先生另一位旧友北京大学陈炎教授代为办理。陈炎收到兵书后，原是要尽同乡和旧友之情来帮忙的，然而展读兵书后，深为书中丰硕的学术成就而叫绝。他通过多方了解，终于完整地将柳先生大作寄交到山东惠民孙子兵法国际学术研讨会会务组。

中国孙子兵法研究会给柳先生回函：先生对《孙子兵法》首届国际学术讨论会热情关注，并惠寄大作，我们表示衷心谢意和赞赏！先生此举意义重大，我会殷切希望为弘扬祖国文化，促进海峡两岸学术交流，携起手来，共同努力推进《孙子兵法》的研究。

易学大师诠释孙子“全胜”智慧

易学大师刘君祖在接受记者采访时说，兵学也不免带有易学的深刻义理及思维方式。

刘君祖祖籍湖南，研究易学和兵学已有30多年。他认为，号称是“世界第一兵书”的《孙子兵法》之所以享誉2500多年，在当今之世还有愈渐红火之势，其奥妙就在于其光辉的哲学思想，而其精髓是“全胜”思维。

刘君祖说，孙子十三篇体大思精、结构严谨，以《始计》为首，《用间》为终，首尾呼应，息息相关。孙子行文也有高超的技巧，十三篇所言皆可互证，层层推演，步步为营，深入体会后，确实益人神智，可以清晰建构起高明卓绝的“全胜”思想。

刘君祖列举说，孙子在其《九地篇》中举恒山之蛇率然为喻，说善用兵者调度快速灵活，击其首则尾至，击其尾则首至，击其中则首尾俱至。又举吴人与越人同舟共济、相救如左右手。《谋攻篇》讲“全”与“破”，显然是保全而不破坏之意，而且不仅全己，还全敌，从全国到全伍，尽可能贯彻实行。敌人的各种资源均可转为我用，何必击毁破坏？若能威慑服敌或化敌为友，直接间接分享资源，岂不更佳？

还有《作战篇》的“因粮于敌”、《形篇》的“自保而全胜”、《用间篇》“因间于敌”、《九变篇》的“以弱胜强”等等，都触及“全胜”的思维。孙子“全胜”概念的确切含义是指最大限度地减少牺牲而获得全局性胜利，达到“不战而屈人之兵”、“胜于易胜”的最高境界。刘君祖说。

孙子主张“全胜”，须知彼知己，知天知地，以求全己全敌。刘君祖认为，我们身处21世纪，自然生态破坏严重，还应全天全地，做好自然保育的工作，只有全天全地，才能真正全己全敌；破天破地，迟早会招致大自然的反扑及吞噬。不同国家民族即便发生战争，也不宜毁人宗庙、坏其文物，造成冤冤相报，仇怨愈结愈深。因此，将《孙子兵法》追求“全胜”的智慧活学活用，对未来这些竞争及合作仍非常重要。

刘君祖表示，在求全不求破的思维下，当然得尽量避免硬碰硬的武装冲突，多用政治协商、外交谈判解决纷争。中国思想一向以天、地、人为三才，重视三者间的互动关系，所谓天时地利人和。孙子“全胜”的理想是和平解决，要想圆满达成必须将天时地利人和统合考虑，所以知天知地，胜乃可全。

欧洲学者普遍认可孙子和平伐交思想

意大利重建共产党国际部长法比奥·阿马托在接受记者采访时感叹，整个世界都在应用《孙子兵法》，这已成为世界时尚，孙子和平不战的理念顺应了当今世界的潮流。他认为，在国际交往、政党交流中，非常需要孙子的“伐交”思想。解决国际争端最有效的办法是谈判。交流重在交谈，不能关起门来，要把争端与冲突放到桌面上来。

阿马托说，正如孙子所说，“百战百胜，非善之善者也，不战而屈人之兵，善之善者也”，孙子的和平主义思想，有利于促进世界和平发展和人类共同繁荣。从这个意义上说，《孙子兵法》实质上是一部“和平兵法”，而不是“战争兵法”。以孙子为代表的中国兵学文化可以更好地为世界的和平与发展服务。

意大利前国防部副部长、意大利国际事务研究所主席斯特法诺·西尔维斯特里也持有同样观点。他在接受记者采访时出语惊人：中国的《孙子兵法》与西方的《战争论》最大的区别是，《战争论》要把战争进行到底，而孙子则倡导把和平进行到底。实际上，孙子是讲和平，而不是真正讲战争。孙子既不否定战争，又反对穷兵黩武。孙子战争观的核心就是“慎战”，即谨慎地对待战争。

西尔维斯特里表示，《孙子兵法》在西方被译作《战争的艺术》，这本书对后世的影响是非常大的，对西方军事思想的影响也非常大，完全适合当今世界的实际，符合现代战争的实际。因此，孙子“不战而胜”的思想对世界的和平与发展有着重大意义。

法国国防研究基金会研究部主任莫里斯·普雷斯泰将军认为，过去，西方军事学家在解释战争的过程中，往往把使用暴力、军事力量的摧毁力看成是唯一的取胜之道，这些做法在当今世界无疑是一种冒险。中国的孙子早在2500多年前就提出了“不战而胜”思想，孙子不仅教授兵法，还解读战争艺术，西方许多国家都在应用，因为孙子思想比西方战争理论更切合当今世界的实际。

法国战略研究基金会亚洲部主任瓦莱丽·尼凯注意到，中国孙子研究学者发表了一篇题为《孙子的伐交思想与以和平方式解决国际争端》的文章，将“伐交”解释为“用外交取胜”。外交与取胜这两个词使人想到了孙子的另一思想——不战而胜。

英国伦敦经济学院国际关系专业高级讲师克里斯多佛·柯克博士认为，西方侧重的是最大限度地使用武力或决定性的交战，过高估计人们控制其战争欲望的能力，这种欲望容易引发血腥的不可控制战争。与西方文化不同的是，孙子阐述的哲学观点，是采取经济、社会和政治行动，而不采取军事行动，也就是所谓“上兵伐谋，其次伐交，其次伐兵，其下攻城”。

柯克指出，孙子最担心的是战争的升级。因为战争升级的结果往往不是全胜，而是大败。然而，即使是全胜，军队也已经疲劳不堪了，很容易遭到第三方的攻击，不能维持既得的和平。在新时代后期，战争具有巨大的毁灭性，确保和平的一个办法就是对战争胜负超越传统的理解。

俄罗斯前军事科学院副院长基尔申指出，《孙子兵法》精博深邃的思想不仅在过去对中国乃至世界军事理论的发展产生了深远的影响，其思想核心和精髓——“非战”、“不战而屈人之兵”思想，符合现代新型的战争观，对我们深入思考和全面领悟新世纪战争的哲学本质，更是具有重大的借鉴意义。

俄罗斯国防部军事历史研究所外国军事研究部部长维克托·加夫里洛夫上校也表示，《孙子兵法》这一伟大的世界文化遗产，可以为国际和平和安全做出贡献。

汉斯·格拉夫·胡思于苏联解体前夕在慕尼黑出版《德国这张王牌——莫斯科的新战略》一书，书中提到，孙子“不战而胜”是那些最伟大的战略思想家认为最理想的事，被奉为座右铭。

德国学者称，从19世纪到20世纪，德国名将普遍受西方兵家思想的影响，大多是《战争论》的忠实读者，希特勒深受其影响成为“战争狂人”，妄图征服整个世界，最终以彻底失败并给德国乃至欧洲带来深重灾难而告终。而21世纪的战争将受以孙子为代表的东方兵学思想的影响，主张“慎战”、“非战”，崇尚和平、和谐是《孙子兵法》的思想精髓，这也是当今时代的潮流，势不可挡。

德国克隆大学汉学家、最新德语版《孙子兵法》译者吕福克说，光看书名，孙子写的是兵法，而看十三篇内容，其实写的是和平。孙子提出“非危不战”，“主不可以怒而兴师，将不可以愠而致战”，“是故百战百胜，非善之善者也；不战而屈人之兵，善之善者也”。孙子强调不是非要打仗，要善用谋略减少流血，通过伐交和平共处，攻城是不得已而为之。要看到战争的后果，看到战争给国家和人民带来的灾难，尽可能避免战争，把战争的灾难降到最低程度。如果谁读懂了这一点，就真正理解了孙子的精髓。

瑞士苏黎世大学著名汉学家、谋略学家、孙子研究学者胜雅律例举说，在一个战事纷纭的世界、穷兵黩武的欧洲，出现了一个长久和平的瑞士，创造了奇迹，这是符合孙子“不战而胜”思想的。瑞士是全球最富裕、经济最发达和生活水准最高的国家之一，人均国民生产总值居世界前列，瑞士两个著名全球性都市苏黎世和日内瓦分别被评为世界上生活品质最高城市的第一名和第二名，这是远离战争、和平发展换来的。

法国学者称伐交思想符合当今世界

“孙子伐交思想对当代战略思维有很大的影响，对当今世界和平有着重要意义。”法国战略研究基金会亚洲部主任瓦莱丽·尼凯在接受记者采访时表示，孙子主张“不战而胜”，尽量避免战争或把战争的灾难降到最低程度，这种思维十分符合今天的世界。

尼凯是法国战略和军事研究专家、法国著名孙子研究女性学者，她撰写有许多研究报告、专著和文章，主要涉及冷战结束以来亚洲的地区均势演变和战略问题、地区大国的防务政策以及扩散问题。其著作和论文包括《中国力量崛起》《和平还是冲突》《欧盟的中国政策》《防务理论与中国安全》《冷战结束与中华人民共和国外交政策》《中国的战略基础》《冷战结束后亚洲的战略形势》《欧盟与亚洲的战略伙伴关系》《多极世界的伐交思想》等。

尼凯说，孙子在“谋攻”篇中表达的“伐交”思想，实际上是建立了一种取得战争胜利的次序，即伐谋—伐交—伐兵。首先是伐谋，其次是伐交，伐兵是下策。她注意到，几年前中国孙子研究学者发表了一篇题为《孙子的伐交思想与以和平方式解决国际争端》的文章，将“伐交”解释为“用外交取胜”。外交与取胜这两个词使人想到了孙子的另一思想——不战而胜。

《孙子兵法》的成书年代是中国的春秋末期，七雄并立、互相争霸。《孙子兵法》反映出春秋时期争霸战争的特点，提出“不争天下之交”。当代世界出现了多极化趋势，用今天中国专家的看法，这种新的国际秩序可被称为“新战国时期”。因此，孙子的伐交思想仍然适应。尼凯比较说。

尼凯认为，随着冷战的结束，世界从一个稳定的两极系统发展成为一个更动荡、更不稳定的系统，几个国家或几个国家集团试图避免出现一种单极称霸的局面。而两极系统的结束对某些国家来说，可能是对国际力量重新分配的机会。在这个“新战国时期”，人们用一种比冷战时更灵活的方式建立新的联盟战略，开始重新寻找或获得更大的活动空间。这就是为什么孙子“伐交”思想提供了一种有趣的分析方法。

法国战略研究基金会亚洲部主任瓦莱丽·尼凯

尼凯提出了这样一个问题：多极化意味着什么？或者更确切地说，每个国家赋予多极化什么含义？多极化是一个趋势，即世界是由多种力量、多种社会制度、多种发展模式和多种价值观构成的，它承认了世界的多样性。各种力量之间的平衡与制约，避免了新的世界大战的爆发，促进了大国关系的缓和。为了对付共同的威胁——恐怖主义，大国之间开始尝试进行新的对话，并加强合作，从而使大国之间的联系加强，有利于维护世界的和平与稳定。

尼凯称，一些国家出于自身利益的需要，致力于建立一个多极的世界，并在稳定的国际系统中出现，这种系统应建立在共同的利益上。人们可以看到多极化成为现实，但不能肯定每一极下的所有国家都从中受益。从这一层面上说，多极化可能导致新的脆弱性和不稳定性。为了多极化顺利运行，应该结合并尊重所有的国际准则。

尼凯指出，在世界多极化趋势下，孙子的“伐交”原则也就更为实用。当代世界多极化有利于国际社会的各种力量加强协调、平等对话，共同维护世界的和平、稳定，有助于建立公正合理的国际政治经济新秩序。国家之间的争端和地区之内的冲突，只有通过对话谈判、平等协商，才能求得解决。

华盛顿总统战略符合孙子伐交思想

在美国费城独立广场，矗立着美国首任总统华盛顿雕塑，建于1727年的基督教堂是华盛顿、富兰克林及其他独立战争时期的领袖们的礼拜堂。在美国各大城市都能看到华盛顿雕像，因他扮演了美国独立战争和建国中最重要的角色，被尊称为美国“国父”。

华盛顿早年在法国印第安人战争中曾担任支持大英帝国一方的殖民军军官，成了英雄人物。之后在美国独立战争中出任全殖民地军队总指挥官，1775年5月在费城被选举为大陆军队的总司令。他把一支由地方民军组成的队伍整编和锻炼成为一支能与英军正面抗衡的正规军，通过特伦顿、普林斯顿和约克德等战役，击败英军，取得了北美独立战争的胜利，追封六星上将军衔，成为美国的最高军衔。

费城独立宫前华盛顿总统雕像

华盛顿在战争中选择了正确的战略，“攻到了门外”但却“不得其门而入”，体现了《孙子兵法》“全国为上，破国次之”、“攻城之法，为不得已”的思想。事实证明，华盛顿的战略是对的。英国人很快了解到继续作战只是浪费资源，他们只能追击美军进行混战，却无法彻底捕捉到美军的主力。华盛顿预测到，这场战争将会经由外交途径取得胜利，而不是靠士兵们的勇敢作战。

有学者评价，华盛顿是美国独立战争中的军事领袖，但他绝非是一位军事天才，当然也决不能与亚历山大和恺撒一类的将军相提并论。华盛顿的战术并无特殊之处，既无开创性，对军事历史也毫无影响，而且他常在许多次战役中都犯下大错，但他仍被捧为战争英雄，因为他终于赢得了战争的最后胜利。

美国《孙子兵法》研究学者认为，华盛顿主张“伐交”，一直试图避开与英军直接的冲突，避免了美军决定性的战败或投降。他相当了解美军的弱点并且也限制了他们过于冒险的行动，这使他们能撑过漫长而艰难的战争。华盛顿的独立战争战略既符合孙子的伐交思想，也符合孙子“避其锐气，击其惰归”的用兵之道。

在美国独立后，华盛顿总统延续他的伐交思想，带领美国从压迫和战争走向了和平发展之路。在外交上，他努力改善同英国的关系，与周边印第安人签订友好条约，以保证国家和平。他坚持不卷入哪怕与他们有关的国家地区的战争，不管是什么问题都不卷入，不管是什么方式都不干预。1793年欧洲战事爆发，同年4月，英法开启战端，美英关系急剧恶化，国会已做战争准备，而华盛顿的目标则是避免同英国发生战争。1794年4月，华盛顿派亲英派主要成员、最高法院首席法官约翰·杰伊为特使，赴英交涉。同年11月，签订了《杰伊条约》。这个协约缓和了美英关系，避免了美国与英国之间的一场战争，保全了和平。

华盛顿有句名言：由于剑是维护我们自由的最后手段，一旦这些自由得到确立，就应该首先将它放在一旁。华盛顿逝世后，美国国会议员亨利·李对他的称赞相当著名：“他是战争中的第一人，也是和平时代的第一人。”

巴黎和谈促成美国独立战争结束

记者来到费城这座美国最具历史意义的城市，它的地位显赫，这里曾宣告美国诞生，曾是美国第一个首都。在独立战争时期，费城是独立运动的重要中心，在独立宫通过了《独立宣言》，诞生了第一部联邦宪法。这里有1730年建立的独立广场，现为国家独立公园的一部分，珍藏着著名的自由钟，附近的卡本特厅是第一次大陆会议的会址。

美国诞生于一个被战争与纠纷分裂的世界，是在反抗殖民统治以及争取人民民主自由的斗争中诞生的国家。美国独立战争是世界历史上第一次大规模的殖民地争取民族独立的战争。战后，在美洲大陆上建立了众多

位于美国费城的独立宫

新的民族国家，这是近代民族解放运动史上第一次伟大胜利。

美国学者认为，《孙子兵法》军事上的结盟和借力思想，对西方军事家影响很大。从某种意义上说，是和平条约结束了美国独立战争。1783年在巴黎签署和平条约，美国的独立获得了公认，西部和北部的边境也设置好了，第13个殖民地也已经解放了。

独立战争爆发后，美国及北美殖民地巧妙地利用欧洲一些强国与英国的矛盾，同法国、西班牙和荷兰等国先后结成联盟，争取俄国等国实行武装中立，增强了自己的力量。美国学者称，西方国家花了2000多年时间，经历了无数次战争，包括美国的独立战争，才认识到中国孙子的伟大和英明。

英国在军事和外交上的失败，使国内反对派加强了对政府的攻击。在约克镇战役惨败后，英国托利党内阁下台，辉格党执政，英国不得不与美国谈判。

自1782年9月始，英国代表奥尔瓦德同美国代表正式谈判，美、英拟定了草约。根据和约，英国承认美国独立，停止敌对行动，英国撤出全部海、陆军。这是美国以平等原则与英国缔结的和约，为争取国际上的承认创造了条件。

1783年9月3日，美国与英国在巴黎签署的和平条约宣告独立战争结束，美国实现国家的独立。这场战争使北美13个殖民地脱离英国而独立，对拉丁美洲和法国大革命构成了重大影响。1876年法国雕塑家巴陶迪尔将自己创作的自由女神代表法国人民赠送给美国人民，纪念美国独立100周年。

美国孙子研究学者表示，美国独立战争不仅为殖民地民族解放战争树立了范例，也为和平条约的签订与和平谈判提供了成功的案例。签署和平条约，在敌对状态下正式结束战争和武装冲突，有利于降低战争灾害。中国2500多年前的古书《孙子兵法》，其经典之一是“伐交”。谈判战略是制胜战略，是不流血的战略。世界上许多战争不是打胜的，而是谈胜的，美国独立战争就是最好的明证。

美华文媒体老总论《孙子兵法》全胜观

“全胜思想应该是《孙子兵法》精髓之精髓、灵魂之灵魂，是孙子的最高境界。”毕业于北京大学中文系、曾任北京首都师范大学古代文学教授的美国《美华商报》社长周续赓表示，“我们研究孙子，不能仅从战略战术角度去理解，更要放在中国春秋战国时期的文化背景去考量，才能真正理解它的深刻含义。”

《美华商报》是美国华人商会旗下一家报纸，也是美国唯一以商报命名的华文周报，从最初的四十多个版增加到五十个版，再发展到现在的每周六十多版面。该报总部设在华盛顿，在洛杉矶、纽约、芝加哥、旧金山等各大城市发行。周续赓表示，国外有许多渠道都在弘扬中国文化，华文媒体在传播中国文化方面起到了最重要的作用。周续赓酷爱《孙子兵法》等中国传统文化，他的专著《准备赢得一切》充满了孙子的哲理。

周续赓认为，目前有的学者把“全”字解释为“完全”、“彻底”，把“破”字解释为“打垮”、“击碎”，也就是说，不打则已，要打就要大获全胜，就要把敌人彻底消灭。这种解释并不符合孙子“全胜”思想。孙子的“全胜”思想包含着更为深刻的文化内涵，即“不战而屈人之兵”。他说：“是故百战百胜，非善之善者也；不战而屈人之兵，善之善者也。”这也正是中国春秋战国时期普遍的战争理念。

在中华民族的传统文化中，提倡“王道”，反对“霸道”；提倡“仁政”，反对“暴政”；提倡“仁义之师”、“秋毫无犯”，反对“残酷杀戮”、“血流成河”；提倡“得人心者得天下”，“王者之师，所向披靡”等等。周续赓诠释说，这些都是中华传统文化的精髓，是为政用兵的最高理念，是建立和谐社会、和谐世界的文化基础。

周续赓介绍说，春秋时期各国争雄，都以敌人的“屈服”为目的，而不

美国《美华商报》社长周续赓

以“破军”、“破国”作为最后的结果。只要你“屈服”于我，愿意奉我为“盟主”，我就可以“全”你的国，“全”你的军，你还可以继续做你的国王，继续当你的诸侯。在中国武术界也是贯彻这种精神的，兵法与武术是一脉相通的，都是源于以“仁”和“义”为主的中国传统文化。这也正是中国兵法一直强调“谋”而不强调“兵”的原因，也正是中国兵法与西方兵法的根本区别。

据周续赓考证，虽然中国古代也有过对邻国的战争，但都是“以全争天下”，以对手“臣服”为目的，从来没有把邻国占作殖民地，实行掠夺性的殖民统治。只要你愿意“臣服”于我，年年进贡，岁岁来朝，我们就可以友好相处，甚至我给你的“赏赐”比你进贡的还要多。因此，中国古代与周边国家的战争是比较少的。当然，这不能与今天中国提倡的“和谐世界”、“平等外交”相提并论。

周续赓评价说，毛泽东在中国解放战争中也曾非常出色地运用了孙子的“全胜”战略，争取到大批国民党军队起义，北京的和平解放就是最好的例子。傅作义宣布起义后，他的军队原建制不变，没有“破军”，也没有“破旅”，更没有“破城”，因此使得北京这座千年古城丝毫无损地保存下来，这才是“拔人之城而非攻也”的“谋攻之法也”。

海外军事专家呼吁运用孙子思想加强国际合作

欧盟前驻华大使安博在孙子兵法与和平合作发展国际研讨会上呼吁，自冷战结束后，各类冲突、恐怖主义行为甚嚣尘上，并可能诱发更大规模的对抗。在亚洲，日本目前正在颠覆二战后确立的和平主义和不干预政策的路线。他提出，在军事领域，欧洲处于北约的联盟框架下，中国建立起自己的外交和战略，这些都不会改变。为了和平的伙伴关系，中欧作为对持久和平有着重大利益考虑的两极，需要更加紧密携手实现和平，在外交领域寻找合作的途径，如同在经济和贸易领域一样。

美国战略与国际关系研究所太平洋论坛主席科萨指出，孙子如果看到今天的军事领导人对他提出的警句仍然十分重视，肯定会很高兴。科萨常常提到联盟的重要性。孙子强调知彼知己的重要性，你没有信息灵通的盟友，就不会了解竞争者的计划。而现在的联盟似乎就是冷战思维。孙子看到了结盟的价值，就是一个国家因此不会易受攻击。他说联盟对促进和平与和谐有重要作用。

吉尔吉斯坦前国防部长奥姆拉利耶夫

孙子说，人们应同舟共济。实际上他认为人们即使相互不喜欢，也应当同舟共济，不应当相互讨厌，而应当上一条船。科萨认为，美中当前正是这种情况，共同面对伊斯兰极端组织“伊斯兰国”的挑战。如果它在中东得逞，美中两国同样受到核扩散的危险。此外，非传统安全威胁、全球气候变暖、环境恶化也没有国界。

吉尔吉斯斯坦前国防部长奥姆拉利耶夫提出，要用孙子的战略智慧不断完善国际合作体系，维护地区安全。他指出，当前，吉尔吉斯斯坦共和国的一些边境地区存在爆发边境事件和军事行动的可能性，其原因是国界划定工作尚未完成，民族间关系冲突等问题尚未得到解决，贩毒及非法移民问题呈现出跨国特点，范围也越来越大。

奥姆拉利耶夫表示："面对上述的区域安全威胁，我们最大限度地努力利用在独联体、集体安全条约组织、上海合作组织、亚欧经济体中的会员身份。这些组织的活动目的就是要发展友好伙伴关系，完善各国在解决维持稳定与持续发展问题中的全面合作。"

俄罗斯海军司令部的赫梅尔诺夫表示，军人的相互信任思想对于21世纪的联盟战争更为重要。它不仅要求统帅与军队之间相互信任，而且要求盟国之间、盟国的统帅之间相互信任。中俄应当把孙子思想运用到两国、两军的合作当中，以保障两国、两军关系的长久高效发展，可靠保护两国的国家利益。

韩国孙子兵法国际战略研究会会长黄载皓认为，根据《孙子兵法》，韩中应该树立起国与国之间的信任，两国应增强战略沟通并达成朝鲜问题的共识，进而树立军事领域上的信任。

黄载皓论述了韩中两国为发展成熟的战略合作伙伴关系应做出三方面的努力：一是拓宽多方面的沟通渠道巩固战略、经济方面的对话机制，增进人文方面的交流沟通；二是就朝鲜政策加强共同合作，把朝鲜半岛的紧张局面转变成和平合作局面，韩中之间也需要并重视"韩中信任进程"；三是军事领域上构建信任，可以考虑非传统国防领域上的军事合作，在允许的范围内相互参观训练或军事基地。

孙子理念有助于世界和平

2012年2月，中国驻英国大使刘晓明在英国国防大学联合指挥与参谋学院讲坛上，在所做的“《孙子兵法》与中国的外交国防政策”的主题演讲中说，《孙子兵法》及中国古代的和平、不战思想，是今天中国和平发展道路的滥觞。今天的中国继承先贤的和平思想，立足中国国情，顺应时代潮流，坚持独立自主的和平外交政策，将维护世界和平、促进共同发展作为中国外交政策的宗旨。

今年4月，中国外交部发言人秦刚在引用《孙子兵法》谈中国外交“软”与“硬”时说，中国外交坚定地维护国家主权、安全和发展利益，积极促进世界的和平与发展。在处理具体问题时，中国外交既讲原则，又讲策略。我们的古人早就悟出这个道理，《孙子兵法》上说，上兵伐谋，其次伐交，其次伐兵，其下攻城。这是古人的智慧，仍具有现实意义。“不能说动刀动枪就是硬，谈判磋商就是软。”

刘晓明大使的主题演讲和中国外交部发言人秦刚的谈话，向西方发出一个强烈的信号：孙子理念有助于全世界和平外交。

《孙子兵法》已作为中国外交的国礼。2006年4月，时任中国国家主席胡锦涛将国家外文局特制的一部《孙子兵法》赠给当时的美国总统布什。据报道，胡锦涛临行准备了多种质地的《孙子兵法》，每套《孙子兵法》都有中英文两种版本，显得有些“非比寻常”。这部世界上最早的兵书充满了谋略和智慧，介绍了“不战而屈人之兵”等战略思想。

2009年2月，温家宝总理与美国国务卿希拉里谈起了《孙子兵法》，道明同舟共济的真正来历和含义。2012年2月14日，第十四次中欧领导人在北京会晤，温家宝再次提到“同舟共济”。他说，中欧作为全面战略伙伴，在困难和挑战面前，应该相互理解、同舟共济，这符合双方的根本利益。

2009年11月，全国政协主席贾庆林在出席第八届孙子兵法国际研讨会会议并发表讲话时强调："要全面准确地把握《孙子兵法》的精髓，更好地运用这一人类共有的思想文化遗产，为促进世界的持久和平和共同繁荣做出新的更大贡献。"

中国驻英国大使刘晓明在英国国防大学联合指挥与参谋学院演讲

孙子理念有助于全世界和平外交，也有助于全人类的和平与稳定，这个理念被世界普遍接受。90年前，英国著名哲学家、思想家罗素在其著作《中国问题》中指出："中国历史上虽然征战连绵，但中国人天性是喜好和平的。" 90年后，英国学者出版了《孙子的和平思想》一书。

英国48家集团秘书长麦启安在谈及中国应在公共外交中了解其他文化的想法时说，如果你想了解中国文化中最重要的部分，就去读《孙子兵法》，它讲的是知彼知己。所以中国应该做的就是在中国的公共外交中去理解其他国家的文化，然后使用这种理解让其他国家的人去了解中国的文化，便不容易引起冲突，这是非常简单易行的方法。这也是把西方的文化精华和中国古老的文化精华结合在一起。

法国战略研究基金会亚洲部主任瓦莱丽·尼凯注意到，中国孙子研究学者发表了一篇题为《孙子的伐交思想与以和平方式解决国际争端》的文章，将"伐交"解释为"用外交取胜"。外交与取胜这两个词使人想到了孙子的另一思想——不战而胜。

正如胡锦涛在中共十八大开幕式上所做的报告中指出的："历史昭示我们，弱肉强食不是人类共存之道，穷兵黩武无法带来美好世界。要和平不要战争，要发展不要贫穷，要合作不要对抗，推动建设持久和平、共同繁荣的和谐世界，是各国人民共同愿望。"

《孙子兵法》成全球外交家的谈判手册

21世纪是谈判代替战争的世纪，而《孙子兵法》是外交家的谈判手册。今后无论个人或国家都不能"独善其身"，而是要"兼善天下"。台湾经济学界元老级人物的于宗先博士认为，21世纪我们所面临的经济全球化挑战不是一场"伐兵"的战争，而是一场空前的"伐谋"、"伐交"的经济大战略，也是智慧大战略，是运用孙子智慧的大检阅。

在台湾，有不少研究孙子与谈判的高手，刘必荣就是其中一个。现任台湾东吴大学政治系教授、博士生导师的刘必荣，任台北谈判研究发展协会理事长，是目前台湾最权威的谈判学教授，谈判专著超过10本。他主持过谈判训练的有微软、摩托罗拉、惠普、戴尔、麦当劳、肯德基、中国信托等知名企业。而《孙子兵法》与谈判谋略是刘必荣的"拳头产品"，他汲取孙子的智慧，把西方的正统谈判理论与东方的传统兵学完美结合，巧妙地运用在谈判桌上，运用到在今日企业的经营合作上，活学活用，具有很高的实用价值。

台湾"商务印书馆"总编辑方鹏程曾随"海基会"代表团，亲身了解两岸会谈的情形，观察两岸谈判的说服策略与技巧，给他留下深刻的印象。他说，《孙子兵法》《鬼谷子》这两部古典书籍，都是谈判的经典，充满中国人的智慧与谋略。孙子主张"伐交"即谈判，鬼谷子的两个弟子苏秦和张仪是倡导纵横的外交家。他还研究周恩来的谈判艺术，并将两岸谈判与东西方文化比较研究，出版了《孙子：谈判说服的策略》《鬼谷子：谈判说服的艺术》等书。

曾在韩国国防战略研究院供职的一位兵法研究专家评价说，《孙子兵法》其精深的谋略思想在外交活动中有着极高的使用价值，已成为众多国家为实现其对外政策，在各种外交活动中所采用的智谋和策略，尤其是正在被一些国家的政府首脑运用。“不战而胜”的外交战略曾对里根和布什政府的对外政策产生重大影响，也是布什提出的“超越遏制”战略的直接思想来源。如今，许多美国政要都能够熟练地运用《孙子兵法》中的名句，来评论政府的外交策略和外交活动。在西方，同样有一批研究孙子与谈判的专家。法国战略研究基金会亚洲部主任瓦莱丽·尼凯表示，中国孙子研究学者发表了一篇《孙子的伐交思想与以和平方式解决国际争端》的文章，将“伐交”解释为“用外交取胜”。外交与取胜这两个词使人想到了孙子的另一思想——不战而胜。据媒体披露，法国外交部危机中心也研究孙子。该危机中心负责人称，他建议危机中心的工作人员多看看《孙子兵法》，这是他个人非常喜欢的一本书，他知道在战术方面，领先的是中国人。

意大利重建共产党国际部长法比奥·阿马托在接受记者采访时感叹，《孙子兵法》整个世界都在应用，已成为世界时尚，孙子和平不战理念顺应了当今世界的潮流。他认为，在国际交往、政党交流中，非常需要孙子的“伐交”思想。解决国际争端最有效的办法是谈判。德国克隆大学汉学家、最新德语版《孙子兵法》译者吕福克说，孙子强调不是非要打仗，而是要善用谋略减少流血，通过伐交和平共处，攻城是不得已而为之。要看到战争的后果，看到战争给国家和人民带来的灾难，尽可能避免战争，把战争的灾难降到最低程度。如果谁读懂了这一点，就真正理解了孙子的精髓。

中国孙子兵法研究会理事、美籍华人许巴莱认为，运用《孙子兵法》处理危机，靠的不是武力，而是智慧。运用谋略和谈判，保持各国互相之间既竞争又合作的关系，避免动辄发动战争，维护国际社会的和平与安全，是防止和避免恐怖活动滋生和蔓延的有效途径。

孙子理念有助于全世界和平外交，也有助于全人类的和平与稳定，这个理念被世界普遍接受。中国外交部发言人秦刚在引用《孙子兵法》谈中国外交“软”与“硬”时说，中国外交坚定地维护国家主权、安全和发展利益，积极促进世界的和平与发展。在处理具体问题时，中国外交既讲原则，又讲策略。我们的古人早就悟出这个道理，《孙子兵法》上说，上兵伐谋，其次伐交，其次伐兵，其下攻城。这是古人的智慧，仍具有现实意义。“不能说动刀动枪就是硬，谈判磋商就是软。”

第三章 《孙子兵法》与和谐世界

刘源上将：传承“和合”文化，构建和谐世界

原中国孙子兵法研究会会长刘源上将在第八届孙子兵法国际研讨会上指出，作为中国传统军事文化的名著，《孙子兵法》所阐释的中华民族对战争问题的独特认知，蕴含着中国文化重视和平、崇尚和谐的思想光辉。借鉴前人的智慧，对于我们思考当今世界的诸多问题，推动建设持久和平、共同繁荣的和谐世界具有多方面的启示意义。刘源从五个方面阐述了传承孙子“和合”文化与构建和谐世界的关系：

一、久暴师则国用不足——慎战是人类迈向持久和平的起点

“慎战”是孙子对待战争的基本态度。《孙子兵法》开篇第一句就说：“兵者，国之大事，死生之地，存亡之道，不可不察也。”孙子深刻认识到战争会给国家政权、国民经济和人的生命带来灾难，认为“久暴师则国用不足”，“亡国不可复存，死者不可复生”，因而一再告诫统治者，“明主慎之，良将警之”。这个“慎”字是孙子一切战略思想的出发点。

如果我们从中国历史的整体来考察，就会发现，“慎战”根植于中国文化传统的基本理念，是中国传统军事思想的基本价值取向。先秦诸子中，儒家主张“以德服人”，而不仅“以力服人”；道家强调兵凶战危；墨家主张“非攻”，尤其反对恃强凌弱的兼并战争。先秦以降，在两千多年的政治军事实践中，无数慎战安邦、黩武亡国的事例一再证明着慎战观的正确性，慎战成为历代明智统治者处理军国大政的基本原则。我们说，中华民族是爱好和平的民族，正是基于这样一种流传久远的文化传统。

孙子的“慎战”思想是在讲战争，也是在讲和平。战争与和平是人类社会的两种基本状态，减少战争就意味着增进和平。孙子提出，“主不可以怒而兴师，将不可以愠而致战”，就是要尽量避免不必要的、非理性的

战争；要使军事战略服从于求和平的政治战略；要冷静观察、顾全大局，“非危不战”；要审时度势、权衡利弊，“非得不用”。从这个意义上看，慎战可以最大限度地扩大和平空间，“化干戈为玉帛”。在人类尚不能消灭战争根源的今天，“慎战”有助于国际社会理性地认识战争、积极地控制战争，降低战争的频率和规模，这是人类迈向持久和平的坚实步伐。我国倡行在国际上和平共处，要对话不要对抗，反对任何形式的霸权主义和滥用武力，坚持防御性的国防政策，决不对外侵略和争夺霸权，正是基于慎战的理念和对自身及世界和平的真诚关切。

二、不合于利而止——互利是构建和谐世界的基础

“利”是孙子考虑一切战争问题的根本出发点。他说，兵“以利动”，“合于利而动，不合于利而止”。战争的行止、战略战术的运筹都以“利”为指针。“重利”是孙子思想的鲜明特点之一，他的利益论深刻揭示了战争的根源和本质，彰显了中国传统思想理性务实的一面。

孙子的利益论以军事斗争为核心，体现了朴素辩证的实践理性。首先，孙子所追求的是大利、远利，是“安国全军”的全局之利。为了这样的利，可以放弃那些小利、近利、局部之利，“途有所不由，军有所不击，城有所不攻，地有所不争，君命有所不受”。其次，孙子深刻揭示了利与害的辩证统一。他说，“军争为利，军争为危”，“不尽知用兵之害，则不能尽知用兵之利”，主张“智者之虑，必杂于利害”。也就是说，指挥者在决策之时，要综合衡量各种利害关系，趋利以避害。“杂于利害”这四个字，不但拓展了孙子利益论的内涵，使之并未滑向唯利主义、黩武主义，同时也阐述了一种全面的、辩证的思维方式，为我们从哲学高度思考战争及其相关问题提供了理论工具。

利益是国际关系的核心要素。争利是战争的根源，互利则是和平的基石。按照孙子“杂于利害”的观点来看，今天的大利、远利，就是在全球化条件下的互利共赢、和平发展。我们主张构建和谐世界，并不是无视利益争端的虚妄之谈，而是在深刻认识中国及世界根本利益基础上的理性选择。对中国而言，历史和现状决定了中国的发展必然是和平的发展，不但需要和谐的国内环境，也需要和平的国际环境。对世界而言，经历了战争之害，和平

与发展已经成为世界人民的强烈渴望。而随着经济全球化的深入发展，世界各国相互依存日益加深，利益关系错综交织、密不可分，发展正日益成为世界人民的根本利益之所在。在和平与发展的大利面前，互利合作是唯一的正确选择。我国政府一贯主张建立公正合理的国际政治经济新秩序，使世界各国，无论大小、强弱、贫富，都能在互利互惠基础上共同发展、共同繁荣。这是缔造世界和平的基础，也是构建和谐世界的基础。

三、同舟而济相救如左右手——合作是谋求共同安全的前提

《孙子兵法》中有一句尽人皆知的成语——同舟共济。孙子说："夫吴人与越人相恶也，当其同舟而济，其相救也，如左右手。"意思是说，吴国人与越国人本来相互仇视，在遇到危难之时却能共弃前嫌、相互救助。这个成语的寓意是非常深刻的，它说明，在巨大的安全威胁面前，不同的利益群体可以团结合作，也只有团结合作，才能实现共同安全。危难时刻，踢人下水，大打出手，同类相残，不是中国人的思维方式。孙子给出的答案是，相救如左右手，携手共渡难关。

"同舟共济"是逆境中相处的智慧，它将个体安全建立在集体安全基础上，通过相互合作谋求共同安全。这一理念在当今世界尤具启发性。当前，世界正处于大发展、大变革、大调整的时期，在和平、发展、合作的时代潮流之下，世界各国也共同面临着各种安全威胁。金融危机、恐怖主义、气候变化、大规模武器扩散、能源资源安全等，都给世界和平与发展带来了严峻挑战。如何应对危机，谋求共同安全，成为举世关注的重大课题。

在这种背景下，中国政府积极呼吁国际社会摒弃冷战思维，树立互信、互利、平等、协作的新安全观，建立公平、有效的集体安全机制，共同防止冲突和战争，维护世界和平与安全。胡锦涛在第64届联合国大会一般性辩论中，即以"同舟共济，共创未来"为题，系统阐述了中国对全球和地区问题的看法和主张。在事关共同安全的各种国际事务中，中国一向身体力行，积极有效地推动着各个领域的国际合作。

四、知彼知己胜乃不殆——增进了解是建立互信的关键

孙子非常强调"知"的重要性。其名言曰："知彼知己，百战不殆；不

知彼而知己，一胜一负；不知彼不知己，每战必殆。”“知彼知己，胜乃不殆；知天知地，胜乃可全。”对于“知”，《孙子兵法》中有很多具体而精彩的论述，有人将之概括为“知胜论”。可以说，孙子用“知”透视战争迷雾，构建他的理论大厦。

孙子讲“知彼知己”，是指对敌对关系的认识，“知”的目的是克敌制胜。但是，从哲学层面讲，“知彼知己”又具有认识论上的普遍意义，可以推及一切主客关系的认知之中，并实现从零和博弈到双赢多赢的转变。在国际政治领域，“知彼知己”完全可以成为世界各国互信互谅、和谐共处的前提。

当今世界有200多个国家、2000多个民族，不同文明体系的差异容易造成误解、分歧。和谐世界理念追求“和而不同”的世界，主张不同文化文明间的对话与交流，通过对话与交流增进了解、建立互信；主张尊重不同国家和民族的权益和诉求，在平等竞争中求同存异、共同发展。令人遗憾的是，尽管国际交往日益密切，但不同国家、不同文明之间的相互了解却远远不够，甚至出现了一些错误的观念。如已故美国学者亨廷顿的“文明冲突论”，认为西方文明与儒家文明、伊斯兰文明的冲突将是未来世界冲突的根源。但是从中华文明的立场来看，此论的基础显然是西方中心论和对儒家文明的误读。同样，国际上持“中国威胁论”的很多人往往按照西方大国崛起的一般路径来看待中国的发展，对中国自身的历史规律和战略文化以及现实政策都缺乏深入的了解。这些现象都说明，在国际上增进了解、建立互信是多么必要而迫切！

五、兵不顿而利可全——以“非战”解决冲突是维护和平的最佳方式

孙子谈兵论战，但并不崇尚以武力制胜。他的名言是：“百战百胜，非善之善者也；不战而屈人之兵，善之善者也。”“兵不顿而利可全”的“全胜”是他的最高战略目标。他将实现“全胜”的手段分为四个层次：“上兵伐谋，其次伐交，其次伐兵，其下攻城。”这四者之中，伐谋、伐交等政治、外交手段是最佳选择，伐兵、攻城等军事手段则是不得已而用之的下策。

孙子“非战”思想的主旨，是通过和平手段达到目的，以最小的代价获取最大胜利。这一思想在中国传统文化中有深厚的根基。先秦文献中，

类似的论述还有很多。如，《老子》强调“不以兵强天下”、“善胜敌者不与”；《孟子》主张“威天下不以兵革之利”；《六韬》所谓“全胜无斗，大兵无创”；《鹖冠子》说，“百战百胜，非善之善者也，不战而胜，善之善者也”，这些思想都与孙子的全胜论完全契合。由此可见，“不战而胜”的全胜论是中国历代兵家、政治家、思想家一致倡导的战略理想，反映了中华民族高超的政治智慧和斗争艺术，也反映了中国渴望和平，力求以非战争手段解决争端的文化传统。

中国政府一贯主张以“非战”、和平方式，通过协商、谈判解决国际争端。这一理念是对先哲“全胜”政治智慧的继承和发扬，同时也顺应了和平、发展、合作的世界大势。

孙子的“慎战观”、“利益观”、“知胜观”、“全胜观”构成了一个完整的、系统的思想体系，今天择取这一体系的若干精华加以现代的诠释，不难发现，中国倡导的和谐世界理念深深根植于中国的历史文化传统，是对包括《孙子兵法》在内的优秀文化的继承和发展。

当然，“和合”并不等于苟合。有实力方能言和。中国的武装力量既是中国和平发展的有力保障，也是维护世界和平与安全的重要力量。对于我军来说，不断提高核心军事能力，才能有效履行新世纪新阶段军队历史使命，为建设和谐世界做出新贡献。

孙思敬上将：让战争远离人类，愿和平永驻世间

原中国孙子兵法研究会会长孙思敬上将在第九届孙子兵法国际研讨会上指出，《孙子兵法》是集中国先秦时期战争艺术之大成的兵学“宝典”、兵家“圣经”，但其思想内核、战略意蕴、历史传承都包含着缔造和平、维护和平、追求和平的价值取向，这是《孙子兵法》穿透时空、超越国界、历久弥新、不断广大的根本所在。

孙思敬归纳了孙子关于和平的五种思想：一是强军备战的思想，有备无患，把维护国家安全和稳定放在做好充分战争准备的基础上；二是慎战遏战的思想，必须慎重对待战争，有效遏制战争；三是控战胜战的思想，孙子追求的是有理有利有节的全胜，是为和而战，而不是为战而战；四是安国全军的思想，谋求的是国富兵强、政通人和、长治久安的全局之利、和平红利；五是合作共存的思想，体现了合作安全、共同安全的战略思维和政治智慧。

孙子说：“夫吴人与越人相恶也，当其同舟共济，遇风，其相救也，如左右手。”孙思敬诠释，这个故事启示人们，面对共同挑战、共同威胁，无论是朋友还是对手，唯一的出路在于守望相助、通力合作、共渡难关。孙子所讲的合作，是不局限于盟友之间，甚至超越敌对关系的更高层次、更高境界的合作。

孙思敬比较指出，以《孙子兵法》为代表的中国传统兵学，饱含着论兵者非兵、讲武者止武、准备战争是为了消弭战争、强国强军是为了维护和平的战略思维取向和文化价值理念。这与西方兵学崇尚迷信武力、追求霸权扩张、彻底消灭对手甚至种族灭绝的绝对战争观形成了鲜明的对比。

孙思敬表示，在和平、合作、发展已成为时代潮流的今天，以《孙子兵法》为代表的中国传统兵学所体现的崇尚和平、节制武力的战争哲学，可

以说是人类共同的精神财富，值得研究、值得借鉴、值得弘扬。

孙思敬强调，当今世界正处于前所未有的大变局之中，面临和平、合作、发展和战争、对抗、倒退这两种前途命运，以《孙子兵法》为代表的中国传统兵学思想启示我们，以发展求安全、以合作求安全、以共赢求安全是通向世界和平的康庄大道。

在人类历史长河中，战争比和平成熟得早。我们研究弘扬孙子的思想，研究弘扬以《孙子兵法》为代表的中国传统军事文化，就是希望借古鉴今，让传统智慧更好地映照未来，汇聚全球各国人民的力量，让战争远离人类，愿和平永驻世间。孙思敬呼吁说。

韩国学者从《孙子兵法》看和谐世界

"韩国战争纪念馆应改名为和平纪念馆。"韩国学者黄载皓得知记者刚去过韩国战争纪念馆，见面后的说的第一句话就直奔主题。

黄载皓现任韩国孙子兵法国际战略研究会会长，韩国外国语大学国际地区研究生院教授、国际开发系主任，在他办公室的书柜里，《孙子兵法》《三国演义》《东方国语辞典》《中韩辞典》《强大国的兴亡》等兵书、汉语书、中韩关系书塞得满满当当。

"我是读着《三国演义》等中国兵书长大的。"黄载皓出生在韩国釜山，儿时外婆让他读中国兵书，他读得如痴如醉，对中国兵书中的人物形象十分崇拜。后来他投笔从戎，曾在韩国国防部智库任职，担任过韩国国防研究院安保战略研究中心地区研究室研究员。

说到《孙子兵法》，黄载皓评价极高：它是战略思想、指挥战策中最为出色的指导原则，不仅是中国历史上最伟大的兵书，也是各个国家最重视的军事宝典。韩国陆军军官学校的学员不仅要了解世界上每一场著名战争的过程和结果，还要掌握每一场战争的历史背景和国际局势，令人惊讶的是他们能够说出每一场战争采用了《孙子兵法》中的哪种战法。

黄载皓对记者说，《孙子兵法》作为中国传统军事文化的瑰宝，蕴涵着和平、和谐的哲理。在21世纪，以《孙子兵法》为代表的传统意义上的兵法将如何面对构建和谐社会、和谐亚洲、和谐世界这个目标呢？毋庸置疑，《孙子兵法》的战略思想、全胜思想仍然具有勃勃生机，仍然对全世界具有一定的指导作用。共赢和全胜是全人类的必由之路、唯一选择。

黄载皓诠释道，中国的和平崛起，最精彩的就是构建和谐世界，是对中国传统"和合"思想的继承和发展；中国从韬光养晦到有所作为，为亚洲和世界的和平发展做出了努力；中国对世界和平与发展提出的新理念已成为普遍的世界秩序观；和谐社会乃和谐世界的基础，和谐世界乃和谐社会的保障；和谐世界是求同存异的外交理念与实践；和谐世界战略手段重视经济协作上的共同反映，多种主义上的共同安保，多样文明间的共同包容；和谐世界依赖经济、贸易、外交、文化等广义的软实力。

对如何吸收《孙子兵法》中的战略思想构建和谐世界，黄载皓也有自己独到的见解：

首先，吸收《孙子兵法》构建和谐世界，要进行国家战略思维——“伐谋”。谋略的根本在于实力，尤其是经济、外交、军事的综合国力。进入21世纪以后，战争不只是纯粹的军事对抗，而是综合国力的运用。用兵的最高境界是用谋略胜敌。昔之善战者，先为不可胜，以待敌之可胜，先胜后战。从中长期性、大国性地分析的话，这是高级战略所寻求的制胜之道。

其次，吸收《孙子兵法》构建和谐世界，要实施国家外交战略——“伐交”。伐交与伐谋是最佳选择，在外交战略上“不战而屈人之兵”乃全胜艺术，“知被知己”为制胜之重心：拓宽互相了解的通道，改善非友好邻国间的关系，同时强化邻国间的关系，成为世界各国和而不同、互信互谅、和平共处、双赢多赢的前提。

再次，吸收《孙子兵法》构建和谐世界，国家军事战略——避免“攻城”。“攻城”是下策，是不得已而用之，武力终不是当今世界解决争端的战略选择。

黄载皓把和谐世界的战略地区从理论上区分为和谐世界、和谐亚太、和谐亚洲及和谐两国关系。亚洲是极为重要的战略地区，而朝鲜半岛局势对东北亚乃至整个亚洲安全格局至关重要。黄载皓认为，强大国家间的和谐，重点国家的和谐，同舟共济，对世界很重要，强大国家和谐了，世界才会和谐。中国和美国都不希望朝鲜半岛发生战争，让世界看到了缓和的一缕阳光。

韩国学者称孙子是"和平学"的创始人

韩国军事历史编纂研究所高级研究员孙锡贤评价说，挪威奥斯陆国际和平研究所所长约翰·加尔东被普遍认为是和平研究的创始人；而孙子"不战而胜"的思想尤其杰出，应将孙子称为"和平学"的创始人。

写于2500多年前的《孙子兵法》，怎样巧妙启迪和指导着今人？我们如何运用它？孙锡贤回答说，读者可以领略孙子所阐述的丰富的战术思想，普遍的战争原则理论，而这些随着时代的发展，愈发显示出深刻的意义和价值。

孙锡贤就孙子的战略智慧及在新时代的适应性作了深入思考，他主张以现代的视角，将孙子的"不战而屈人之兵"、维护天下和平与安宁、防止发生战争、考虑战争后果等观念，转化为解决全球和平问题的意识形态，从而发掘《孙子兵法》的当代价值。

孙子的思想，从根本上看是有和平倾向的。孙锡贤分析，《孙子兵法》是一部写战争艺术的书，孙子当然不能回避战争，但他更追求现实的和平而不是理想的和平。在孙子的战争观中，最有价值的是"不战而胜"的思想。在《谋攻篇》中，孙子对这种观点做了阐述："凡用兵之法，全国为上，破国次之；全军为上，破军次之；全旅为上，破旅次之；全卒为上，破卒次之；全伍为上，破伍次之。是故百战百胜，非善之善者也；不战而屈人之兵，善之善者也。"

所谓"不战而胜"，就是不用战争就能摧毁敌人的抵抗。孙锡贤诠释，换句话说，全胜可以通过"不战而胜"的方式取得，而这种胜利是最伟大的。孙子主张利用战略而不是武器作战，推崇攻打战略是唯一一种不用战争而解决争端的办法。

孙锡贤语出惊人：孙子不仅关心人民，也心系整个世界。孙子之所以认为“其次伐兵，其下攻城”，是因为军事行动危害人民的安全并让国家处于混乱和破坏之中。孙子的“必以全争于天下”不应看作是征服世界的野心，正确的解读应该是，真正的将领应运用充满智慧的谋略直面敌人，从而保护其子民的安全；真正的领袖和将领不会为了胜利而制定让人民付出鲜血的策略。

换句话说，只有关心人民和国家的人才有资格征服世界，真正的战争大师和世界的领袖都是和平主义者，致力于维护世界和平与安宁。

孙锡贤认为，孙子本是反战的，但是，如果战争不可避免，就要考虑开战理由，这不仅仅关乎国家利益，而且关乎正义。孙子提出：“非利不动，非得不用，非危不战。”孙子有关战争与和平的观点，对于阻止国际战争具有关键性的意义，同时也有利于现实世界的和平。

为了实现世界和平，重要的是对战争要有理想和现实的双重理解。在这个意义上，孙子的战争与和平观、保持世界和平安定、慎战以及考虑战争最终后果的思想，被用作解决全球和平问题的思想形态，其价值就会大增。孙锡贤执着地说。

意前防长称孙子欲将和平进行到底

意大利前国防部副部长、意大利国际事务研究所主席斯特法诺·西尔维斯特里在接受记者采访时出语惊人：中国的《孙子兵法》与西方的《战争论》最大的区别是，《战争论》要把战争进行到底，而孙子则倡导把和平进行到底。

西尔维斯特里长期从事国防、外交与安全事务，他的主要著作包括《政治使用武力》《北约南翼》《欧洲安全》《苏联的战略、理论与实践》《恒星防御盾问题SDI与欧洲》《未来的核威胁力量》《意大利国防新模式》《多国部队》《海湾国家的安全系统——对于西方的思考》《对C3I系统最高国家决策的组织和架构的思考》等。

“我认为，有一点特别重要，那就是孙子弥补了《战争论》的缺陷。”西尔维斯特里强调说，孙子十三篇包括《始计篇》《谋攻篇》《地形篇》等，这部书不是为了战争而写战争，而是为了不发动战争而写战争，不写全部战争而写部分战争或战争准备，不主张毁灭性战争而主张降低战争的灾难。

西尔维斯特里说，实际上，孙子是讲和平，而不是真正讲战争。孙子既不否定战争，又反对穷兵黩武。孙子战争的核心就是“慎战”，即谨慎地对待战争。老想到打掉别人，自己也很受伤。过急了就违反了战争的客观规律。

西尔维斯特里把战争分为两种，一种是“残酷战争”，另一种是“谋略战争”。“残酷战争”是讲摧毁，扩大战争的恶果；而“谋略战争”是讲方法，尽量减少损失。这就是西方的《战争论》与东方的《孙子兵法》最大的不同点。

“要打留有余地的战争，打相对毁灭的战争，这比往死里打、打毁灭性战争要好。”西尔维斯特里比喻说，打仗不能像水里的鳗鱼，性情凶猛、贪食。

这位对未来的核威胁力量颇有研究的地中海地区安全问题专家说，就像最近10多年发生的战争，都不是世界性的战争，不应该使用核武器。在高科技条件下的现代战争，追求的是局部胜利、相对胜利或不完全胜利，不能把战争的一切手段都用尽。

西尔维斯特里表示，《孙子兵法》在西方被译作《战争的艺术》，这本书对后世的影响是非常大的，对西方军事思想的影响也非常大的，完全适合当今世界的实际，符合现代战争的实际。因此，孙子“不战而胜”的思想对世界的和平与发展有着重大意义。

《孙子兵法》是促和谐的“和平兵法”

“我出访过60多个国家，据我了解，《孙子兵法》整个世界都在应用，已成为世界时尚，顺应了当今世界的潮流。《孙子兵法》在世界兵书中排名第一，当之无愧。”意大利重建共产党国际部长法比奥·阿马托在接受记者采访时感叹道，意大利人也很喜欢孙子，意大利版《孙子兵法》越出越多。

身材高大、留着胡须的法比奥·阿马托，是意大利左翼联盟政治委员会成员，意重建共全国领导机构成员、国际部长，欧洲左翼党书记处书记。意大利重建共产党简称意重建共，是意大利共产党的共产主义遗产主要继承者，也是一个革新共产主义政党。在对外政策上，该党秉承欧洲左翼联合的观点，是欧洲多个左翼政党组成的欧洲左翼党的发起者和成员之一。

意大利重建共产党国际部长法比奥·阿马托

法比奥·阿马托对记者说，他读过《孙子兵法》，很认同孙子的思想。在国际交往、政党交流中，非常需要孙子的“伐交”思想。解决国际争端最有效的办法是谈判。交流重在交谈，不能关起门来，要把争端与冲突放到桌面上来。

今年3月，法比奥·阿马托来到湖南长沙，考察橘子洲、毛泽东故居，接着来到《孙子兵法》

诞生地苏州考察。他认为，孙子和毛泽东是中国古代和当代最伟大的兵法家，他们的思想对当今世界很有借鉴意义。学习应用孙子和毛泽东兵法，“知彼知己”，互相了解，无论是对国际政党之间的交流还是对处理国与国之间的关系，都是十分有益的。

在多极世界不平等、不平衡的格局下，更需要孙子和平思想。法比奥·阿马托比喻说，好比两个人或几个人打架，怎么让他们和解？最好的办法是让他们停下来谈判，如再有人调解就更好，尽量不要往死里打，要当好“维和部队”。

法比奥·阿马托告诉记者，他太太是巴勒斯坦人，岳父曾受到战争的伤害，所以他厌恶战争，希望和平。作为意大利重建共产党国际部的负责人，他更希望有一个和平安宁的环境，这是他毕生的追求。

全球进入新战国时代，可以类比古代中国春秋战国时期的春秋五霸和战国七雄，但这种多极化不同于历史上的列强争霸。经过20世纪两次世界大战和一次冷战的劫难，今天的多极化趋势反映了各国人民维护世界和平、促进共同发展的愿望。人们期待没有战争、没有掠夺的永久和平。因此，孙子的和平思想更具有世界意义和时代意义。

维护世界和平与促进共同发展，是中国共产党在新时期的任务之一。中共提出全面准确地把握《孙子兵法》的精髓，更好地运用这一人类共有的思想文化遗产，使以孙子为代表的中国兵学文化更好地为世界的和平与发展服务。

法比奥·阿马托表示，正如孙子所说，“百战百胜，非善之善者也，不战而屈人之兵，善之善者也”。孙子的和平主义思想，有利于促进世界和平发展和人类共同繁荣。从这个意义上说，《孙子兵法》实质上是一部“和平兵法”，而不是“战争兵法”。

瑞士200年远离战争创造和平奇迹

在瑞士琉森湖旁边一座小山崖上，雕刻着悲壮的狮子纪念碑，这是卢塞恩的“城市徽章”，由丹麦雕刻家特尔巴尔森设计，被美国作家马克·吐温称为“世界上最哀伤、最感人的石雕”。

这是为了纪念在1792年8月10日，为保护法国国王路易十六世家族而全部牺牲的786名瑞士雇佣兵。他们的魂魄朝着家乡的方向，飞回美丽的阿尔卑斯山，飞到美丽的琉森湖。在湖边的山崖上，一头濒死的雄狮带着哀伤和痛苦，无力地匍匐在地，一支锐利的长箭深深地刺入背脊，边上还有一些折断的枪和带有瑞士十字的盾牌。

瑞士苏黎世大学著名汉学家、谋略学家、孙子研究学者胜雅律不无感慨地说，瑞士近200年来远离战争，或许与这狮子纪念碑有关。在瑞士这片和平的土地上曾经进行过无数次战争，在瑞士境内进行的最后一场战争是1798年拿破仑入侵瑞士，瑞士人打赢了个别战役，但输掉了整个战争，随后被法国统治了十几年。

胜雅律介绍说，瑞士真正不再有战争是在拿破仑兵败之后，瑞士人万分珍惜这来之不易的中立地位。从此，在一个战事纷纭的世界、穷兵黩武的欧洲，出现了一个长久和平的瑞士，创造了奇迹。

瑞士百年无战事，充分体现了《孙子兵法》立于不败之地。胜雅律说，瑞士是立于不败之地的典型。取胜对瑞士并不重要，不败才是最重要的，不败就是胜。200年来，瑞士避免介入战争，避免流血，没有把军队用于战争，只用于保卫国土。瑞士以其独特的军事中立地位曾保护国家免遭两次世界大战的劫难。而法国、德国、日本发动战争，最终都以失败而告终。

瑞士有位学者曾用计算机对73000张卡片、87万条新闻进行数据处理，得出从公元前3200年到公元1964年的5164年间，世界上共发生战争

14513次，只有329年是和平的。这些战争使364亿人死亡，损失财产2150亿瑞士法郎。

瑞士琉森会流泪的狮子

而瑞士已经和平繁荣了数百年，但它并不是通过寻求战争和扩张，而是通过创造一个强大的防御来实现和平和繁荣的。瑞士利用它所拥有的资源和独一无二的战略在世界上找到了一个很好的自我防御与和平发展的位置。胜雅律说，这是符合孙子“不战而胜”思想的。

胜雅律表示，瑞士是全球最富裕、经济最发达和生活水准最高的国家之一，人均国民生产总值居世界前列，瑞士两个著名全球性都市苏黎世和日内瓦分别被列为世界上生活品质最高城市的第一和第二名，这是远离战争、和平发展换来的。

加拿大象征和平的"蓝色"尚武文化

加拿大首都渥太华中心的高坡上有一片高大威严的欧式建筑，这便是国会山庄，其最高的塔楼叫和平塔。在蓝色的天空下，和平鸽在自由翱翔，现代的建筑和古朴的城堡构成了一幅和谐的画面。

1826年，英国皇家工程兵中校约翰·拜在渥太华以军事目的修建里多运河，联合国教科文组织对它的评语是"它是美洲大陆北部争夺控制权的见证"。现在蓝色的里多运河成为著名游乐中心。春、夏、秋三季可在河上驾驶游艇，冬季则是"世界最长的滑冰场"，人们来到这里欣赏她那四季迷人的风光。

渥太华和平塔下点燃和平圣火

加拿大的尚武文化是"蓝色"的。蓝色象征和平，联合国维和部队就被称为"蓝盔部队"，而联合国维和概念的创始人正是曾于1948年至1957年担任加拿大外长的莱斯特·皮尔逊。由于他的努力，苏伊士运河争端得以和平解决，皮尔逊也因此于1956年获得诺贝尔和平奖。

中国驻加拿大武官蔡平说，有意思的是，2006年初，哈珀出任加拿大总理后不久，其政府官方网站的背景颜色由红色变成了蓝色。这是不是也可以理解为加拿大人的一种和平宣言呢?

“皮尔逊维和培训中心”是为纪念皮尔逊为维和事业做出的贡献而命名的，在近30个国家进行特别巡回授课，招收来自世界143个国家的学员，这些学员毕业后许多人成为国际维和行动的中坚。

“蓝色”是加拿大的特色。加拿大是一个三面临海的国家，东临大西洋，西濒太平洋，北靠北冰洋，约有24万公里的海岸线，是世界上海岸线最长的国家。因此，“蓝色战略”成为加拿大国家安全的关键。1997年，加拿大政府颁布并实施了《海洋法》，使加拿大成为世界上第一个具有综合性海洋管理立法的国家。

加拿大的国防政策与军事任务规划，着眼于执行国际维持和平行动等军事外交任务，建构一个为稳定、和平的国际安全环境，使加拿大得以免除国家安全威胁。因此，加拿大的国防任务与组织目标被赋予三项重要的角色：防卫加拿大，与美国共同防卫北美洲地区，维护国际和平与安全。

据《国际先驱导报》报道，维护全球和平与安全，这是“枫叶之国”加拿大奉行的外交政策宗旨。总人口仅3000多万的加拿大常备军总计只有2.4万多人，而部署在海外执行联合国维和使命的加拿大陆海空三军军事人员就有3700名。每天大约有8000名加拿大军人在围绕维和使命转，要么准备出发，要么正在海外执行任务，要么刚从海外执行维和使命归来。

除了军人，民众的维和意识也非常强。加拿大籍“和平使者”杰安·贝力弗在没有导游、地图的情况下，平均每天徒步行走30至40公里，沿路宣传“促进和平与非暴力文化”。他计划用十二年时间完成徒步环游世界的壮举。

一名加拿大小伙子的名字频繁出现在世界各大报刊的头版上，他就是19岁的大学生克雷格·基尔布格。他被提名角逐本年度的诺贝尔和平奖。

加拿大维多利亚大学政治系教授Robert E.Bedeski在孙子兵法国际研讨会上发表了《孙子与作为国家战略的人类安全》的论文。加拿大的国家安全观主在参与国际维持和平行动，寄望维护一个稳定、和平的国际安全环境。加拿大以积极支持联合国维和行动、国内犯罪率低以及政治稳定等被评为世界最和平国家之一，全球排名第八。作为国家战略的人类安全观，是中国的孙子倡导的。

加拿大定都渥太华为守护和平

渥太华位于安大略省东南部与魁北克省交界处，是加拿大首都和第四大城市。无论从城市规模还是国际知名度看，渥太华都比不上多伦多、温哥华和蒙特利尔，且气候寒冷，称得上是全球最寒冷的国都之一。

多伦多是加拿大最大的城市，也是加拿大重要港口城市和经济中心。多伦多又是一个国际大都市，是世界上最大的金融中心之一，世界第七大交易所总部设在多伦多。多伦多还是全球最多元化的都市之一，这里49%的居民是来自全球各国共100多个民族的移民，140多种语言汇集在这个北美大都市。多伦多气候温和、四季分明，拥有加拿大最暖和的春季及夏季。

1793年，英国曾把多伦多作为加拿大的首都。那么，加拿大后来为何不定都多伦多而选择渥太华呢？加拿大学者皮特称，这是遵循《孙子兵法》有关国家安全、战略防御的思想，为了远离战争，守护和平。

从地理上看，多伦多是加拿大最南的城市，与美国纽约只有1小时的飞行距离。而渥太华距离多伦多440多公里，又处于低地，平均海拔约109米，周围几乎完全被加拿大地盾的岩石群所包围。全长202公里的里多运河，在修建之初就具有军事目的。阿堤勒利公园又名古炮台公园，内有非常重要的兵营和军用贮藏库，曾是魁北克城防御工程的重要组成部分。

多伦多在历史上曾遭受过美国的入侵，让加拿大人刻骨铭心。美国第二次独立战争，美国正式向英国宣战，当时加拿大还是大英帝国的一个省。1813年4月27日，10艘军舰载着两千美国海军陆战队绕过英军的尼亚加拉河防线直扑约克镇（今多伦多），从西侧对约克堡发动强攻。

随着约克堡的陷落，加拿大省首府约克镇随之遭受厄运，共被美军占领六天，其间美军杀烧掳掠无恶不作。在指挥官的纵容之下，议会大楼和总督府被付之一炬，大火随之蔓延到居民区，普通平民只能在街头露宿忍受寒冬，美军士兵还抢劫了大量平民和公共财物。

英军大举反攻，一路打到华盛顿，当时驻加英军中有50%兵员的都是加拿大的民兵。加拿大士兵放火烧了今天的“白宫”。白宫为了掩盖火烧后的痕迹，随后涂成了白色，因此得名。

在渥太华市中心庄严耸立着一座阵亡将士纪念碑，由22个烈士的铜像组成，每个高2.44米。此碑建于1939年，起初是为纪念第一次世界大战时期阵亡的加拿大烈士而建的，后来演变成加拿大人对所有在战争中死亡的加拿大烈士的纪念地，包括一战、二战等战争中为国捐躯的烈士。加拿大国徽图案中有一头狮子举着一片红枫叶，既是加拿大民族的象征，也表示对第一次世界大战期间加拿大牺牲者的悼念。

11月11日是加拿大“阵亡将士纪念日”，也叫“停战日”，主要是英联邦国家纪念在第一次世界大战、第二次世界大战等战争中牺牲的军人与平民的节日。该节日定为每年的11月11日，是因为第一次世界大战中德国战败后，于1918年11月11日上午11时签署标志着战争结束的停战协议。

位于渥太华的加拿大战争博物馆是世界上三个最重要的战争艺术收藏场馆之一，馆内八个厅中主要的有四个展厅，其中最抢眼的是“第二次世界大战”展厅，内有标示为“邪恶的象征”的希特勒、墨索里尼和东条英机，还有大西洋海战、日本在太平洋发动的战争、迪耶普海滩血战、意大利之战、诺曼底登陆等著名战争的画面。

战争博物馆还着重介绍发生在加拿大本土、加拿大军队参与或对加拿大及其人民有重大影响的军事冲突。展出内容从早期的原住民之间的战争到今天的“反恐战争”。最后一个展厅是“暴力中的和平”，展出内容的时间从1945年至今，从战后的和平与繁荣场景，到之后面临核武器威胁的冷战时期，以及后来的维和行动及最近的地区冲突，其中包括加拿大军队参与的朝鲜战争，还有在北约中参与的军事行动。

2012年7月1日，加拿大联邦总理哈珀在向全国致国庆贺词中高度评价说：“今年，我们也纪念1812年战争，当年法裔人、英裔人与原住民联手，力抗南方（美国）入侵。他们的英勇事迹，为今日加拿大奠定基础——和平的国度、有秩序的社会、优良的政府。”

加拿大参议员胡子修论孙子与和谐

“虽然我们的文化背景和社会价值观有所不同，但是人类社会的普世价值只有一种，那就是和谐发展。”加拿大联邦参议员胡子修表示，加拿大华人华侨应携手联合，共同努力，争取早日融入加国主流社会，为加拿大社会的发展贡献我们华人华侨的聪明才智。

胡子修是中加商贸促进委员会主席、加拿大著名的华人领袖之一，2009年因陪同加拿大总理哈珀对中国进行堪称破冰之旅的国事访问而享有“中加民间大使”的美称。2013年2月，胡子修被加拿大总理哈珀任命为加拿大联邦参议员，这是继利德惠之后第二位出任参议员的华裔。2月17日，曾有逾千人群集于加拿大宾顿市文华餐厅为他庆贺，华社代表赠送他“移民楷模、华人之光”纪念牌一面。

胡子修诠释说，人类社会的普世价值是全世界普遍适用的、造福于人类社会的最好的价值。普世价值不分地域，超越宗教、国家、民族，建立起人和人、国家和国家相处的办法。《孙子兵法》蕴含着崇尚和谐的思想光辉，被东西方普遍接受，普世价值日益显现。孙子“和合”思想对我们海外华人华侨思考如何融汇多元文化，融入当地主流社会，与当地人民公平竞争和谐发展，具有多方面的启示意义。

移居加拿大35年的胡子修，堪称与当地社会和谐共存、共谋发展的楷模。他1978年移民加拿大，开始定居在密西沙加市，从事房地产投资和开发。他以卓越的商业奇才，创建了密市的地标式建筑——密市最大的华人商业及小区中心黄金广场。他连续两届当选为密西沙加市华商会的会长，目前仍是该商会的荣誉会长。

他带领华商会融入当地主流社会，帮助新移民在密市发展事业，与当地多个机构开展交流项目。2005年，胡子修率华商会与皮尔郡警方合办

“警民联谊日”活动，通过多种方式向华人移民进行灭罪防罪的教育，吸引了万人参加，甚是轰动。2009年胡子修获得移民部颁发的“杰出新移民奖”，是当年全国11名获奖者中唯一的华人。

胡子修出任中加商贸促进委员会会长后，更致力于加中两国企业的交流合作，积极地协助属下会员在加中两国创业和发展，帮助中国企业在加拿大拓展业务，融入当地的商业领域，并协助两国很多知名企业在当地成功开设了分公司，如中国银行加拿大密西沙加市分行设立，中国海南航空公司多伦多航线开通以及新奥能源在加拿大设立分公司等，在中海油收购尼克松过程中也起到了积极推动的作用。

胡子修指出，在加拿大的华人，有来自大陆、香港、台湾的，也有来自东南亚的，还有的是从中国出去到第三国后再来加拿大的。多年来形成了许许多多的华人社团圈子，但相互之间不相往来，这大大地分散了华人的力量。孙子提出的“同舟共济”是逆境中相处的智慧，当今世界危机不断，竞争不息，孙子的这一理念对海外华人华侨尤具启发性。

胡子修认为，能够移民来加拿大的华人，大多数都非常的聪明、努力、优秀，原先在各界都是精英人才，都熟悉中国的传统文化。中国人最大的优势就是老祖宗传下的中华文化，是中国古圣先贤几千年经验、智慧的结晶。中国的《孙子兵法》已超越中华文化圈在世界范围产生了广泛而深刻的影响，全世界都在应用，我们华人华侨更要传承好、应用好。

胡子修鼓励每一个移居加拿大的海外移民在这块土地上努力奋斗，用自己的聪明才智，追寻和实现自己的梦想。再获选联邦参议员后，他曾多次组织接待加拿大年轻华裔参观国会，鼓励年轻一代的华裔加拿大人积极参政，从而在加国政坛上发挥影响力。

加拿大参议员胡子修

美学者克拉维尔解读《孙子兵法》和平理念

在纽约第五大道书店，记者发现了詹姆斯·克拉维尔翻译的《孙子兵法》。20世纪70年代，正是国外《孙子兵法》英译本出现短的缺时期，首先打破局面的就是这位美籍英国著名作家。他的新译本一经问世便大受欢迎，被译成德文、西班牙文普及本，促进了《孙子兵法》在西方的传播。

据介绍，克拉维尔对《孙子兵法》的酷爱并非文人墨客的心血来潮，也不仅仅是一般意义上的推崇，他从其切身体会尤其是反思二战期间的战俘经历中，领会到孙子的伟大智慧。

这位美籍作家、亚洲家世小说家原是英国人。1943年，他刚满18岁就在英国皇家炮兵任少尉，后被日军俘虏，关进爪哇和新加坡昌吉战俘营达三年半之久。他于29岁时移民去美国，进入好莱坞电影界，成为电影剧本作家、制片人、导演中的佼佼者，并加入美国籍。1973年，克拉维尔为寻求创作灵感前来香港。

1977年，克拉维尔在参加香港“快乐谷”的一次赛马会后的次日，香港赛马总会干事威廉斯送给他一本《孙子兵法》英译本，当他阅读这本大英博物馆学者贾尔斯的译本时，立刻被《孙子兵法》充满睿智的丰富内容和优美的语言所倾倒，从此与《孙子兵法》结下不解之缘。为了弘扬《孙子兵法》，他不仅编辑和重新出版英译本，而且在他后来创作的《贵族之家》小说里，书中的许多人物都对孙子极尽赞誉之辞。

1981年，克拉维尔以贾尔斯英译本为依据，重新翻译了《孙子兵法》，由霍德默比乌斯出版社出版。克拉维尔在编辑重版贾尔斯译本时对原译本中的大量注释作了精选，并在此基础上做出必要的改写，使之简明扼要，与正文的搭配更加得当。从1981年至1988年，这个英译本已印刷发行了10次之多。

有学者评价，克拉维尔赋予其译本人文色彩、通俗解释和精心编辑，使得此书一经问世即成为发行最为广泛的《孙子兵法》普及读物。自1981年出版以来已有多种版本在世界各国发行，其影响仅次于美国准将格里菲思的英译本。

克拉维尔称，自从他发现《孙子兵法》这本书以来，每想起他所参与的战争，他的父辈们所参与的战争，或者任何一种偏离常规的战争，就对孙子的法则没有深入我们的心灵而感到愤懑——克拉维尔年少时进入男子公立学校，大部分入学者都是军官的儿子，他们将来都要加入英国三军当军官。在1939年，他们是15岁或16岁。班里总共约80人，其中只有7人在战争中生存下来。如果掌握了孙子的知识，就绝不会死那么多人。

"《孙子兵法》是为子孙后代求生存、谋和平的经典之作。"克拉维尔在其所编英译本的长篇导论中热情讴歌《孙子兵法》。他指出，孙子在2500年前写下了这部在中国历史上奇绝非凡的著作。他强烈地认为，《孙子兵法》对我们的生存至关重要；它能提供我们所需要的保护，看着我们的孩子和平茁壮地成长。永远记着，从古时起，人们知道，"战争的真正目的是和平"。

克拉维尔提出，要把《孙子兵法》作为对全体军官特别是将官的年度考核的内容，而成绩好坏是晋升的法定依据。这一充满热情、富有浪漫色彩的呼吁是出自其内心的："我的祖籍是英国，我在第二次世界大战期间是一名英国皇家炮兵的尉级军官，并被关在爪哇和新加坡昌吉的日本战俘营里达三年半之久。因此，我对战争有所了解，我更知道高级军官的情况，他们几乎个个都很蠢和缺乏军事知识。"

克拉维尔真诚地希望大家要读《孙子兵法》这部书，他热切希望这本书成为所有的政治家和政府工作人员、所有的高中和大学学生的必读材料。"这本书对首相、国家要员、大学教授、军事要人有所启迪，《孙子兵法》可以给我们的事业带来和平。"

墨西哥人称孙子是和平的天使

在占地800公顷的墨西哥城市公园里，有一座纪念碑，叫少年英雄纪念碑。1847年美墨战争中曾经有六位年轻的小英雄，面对美国侵略者顽强不屈，在此英勇就义，于是立碑纪念。墨西哥六位小英雄化成六根顶天立地的柱子，是墨西哥人民反抗外来侵略、维护民族独立的精神象征。

墨西哥城的标志之一天使纪念碑，也叫独立纪念碑，坐落在改革大道的一个广场上。它是为纪念墨西哥独立100周年而建的，因碑顶竖立的一座展翅欲飞的胜利女神镀金铜像而得名。北京奥运会期间，天使神像的模型还在北京展出过。天使神像高6.7米，重有7吨。她的右手托着一顶桂冠，左手握着一节链条，象征历时300年的西班牙殖民统治的枷锁已彻底砸断。

墨西哥城少年英雄纪念碑

纪念碑的四周竖立着雷洛斯、格雷罗、木纳和布拉沃四位为争取墨西哥独立而献身的民族英雄的雕像。中间拿旗的是墨西哥“独立之父”伊达尔，是墨西哥人民独立精神的象征，也是墨西哥人民反对外来侵略者、争取民族独立的胜利标志。

据介绍，1518年西班牙殖民者入侵墨西哥，之后墨西哥沦为西班牙殖民地。西班牙人将各种瘟疫和传染病带到美洲，天花、流感、鼠疫、麻疹，数以十万计的土人受到感染，这些流行病可能造成大约八百万当地人死亡。1810年9月16日，伊达尔神父在多洛雷斯城发动起义，开始了独立战争。为纪念这次起义，后定该日为墨西哥独立日。

1846年美国发动侵墨战争，墨西哥被迫将北部的德克萨斯、新墨西哥、加利福尼亚230万平方公里的土地割让给美国，墨西哥丧失了大半国土，死亡人数估计达2.5万，元气大伤。一本史书有一幅漫画，描写战前的墨西哥鹰羽毛丰满，战后则干瘪枯瘦，上面写着一句话：“傲蛮的美国佬19世纪在掠夺。”

1861年，英、法、西三国代表在伦敦签订协定，决定共同入侵墨西哥。墨西哥在胡亚雷斯领导下开展了反英法西战争，号召全国人民团结一致保卫祖国。1862年4月16日，法国悍然宣布与胡亚雷斯政府处于战争状态。1865年秋，胡亚雷斯政府迁至墨美边境的埃尔帕索广泛展开游击战争，使侵略军陷于广大人民的包围之中。法国在侵墨战争中，付出了6500人和3亿法郎的代价。

此间华人学者称，长期经历战争的墨西哥人痛恨战争、酷好和平。曾领导过农民游击战的墨西哥革命英雄萨帕塔在国内推崇《孙子兵法》。曾八次访华的墨西哥前总统路易斯·埃切维利亚·阿尔瓦雷斯说，中国在世界上是和平的象征，是维护世界和平的一支重要力量。2013年，中墨战略伙伴关系提升为全面战略伙伴关系。

墨西哥人称天使纪念碑纪念的是和平天使，而称中国的孙子是让战争和灾难走开的兵神。在墨西哥城书店里，一位正在翻阅西班牙版《孙子兵法》的墨西哥人对记者说：“孙子所倡导的根本上是关于用谋略来延缓和遏制战争，而不是无限制地扩大战争，这一点我们必须达成明显的共识。”

孙子和平思想对拉美各国具有指导意义

拉丁美洲纪念馆是圣保罗地标建筑，位于圣保罗市中心。建筑群中最给人视觉冲击的莫过于在中央广场上树立的巨大手形雕塑。这只巨大手掌五指朝天伸展，灰色的手掌中央刻着鲜红的南美洲地图，看上去好似一道触目的血迹，高高矗立于灰色混凝土地面的空旷广场上。这个主题雕塑象征美国家独立和平，中间鲜红的血迹让人觉得拉美的独立和平来之不易，是由鲜血换来的。

记者注意到，在当今世界形势日益复杂，国际和国内冲突连绵不断，战争由机械化战争向信息化战争形态转变的大背景下，《孙子兵法》所蕴含的和平与智慧思想及其应对现实问题的巨大理论价值，似乎更能引起拉美各国军人和孙子研究学者的共鸣。

徜徉在巴西利亚的街道，可以看到许多建筑甚至是广场绿地都同“人”与“和平”有关。城市中心的三权广场遍地都是和平鸽，里面还建有和平鸽巢。其象征意义是不言自明的。最有意思的是三军总部大楼前的宝剑雕塑，剑身与剑柄折断分离，剑身像一座纪念碑高耸于前，剑柄以奇特的造型横卧于后，象征着不要战争要和平。

阿根廷和平祭坛供奉着和平女神，公元前13年7月4日由罗马元老院修建，以庆祝罗马皇帝奥古斯都从西班牙和高卢凯旋，公元前9年1月30日罗马元老院进行祝圣，以庆祝奥古斯都胜利后为帝国带来的和平。

布宜诺斯艾利斯联合国广场中间有一个象征和平的不锈钢雕塑，造型是一朵盛开的郁金香，在阳光下熠熠闪光。这朵巨大的银白色金属花号称“花王”，花朵由六片巨大的花瓣组成，总重18吨，每一片花瓣都高达23米。花的直径关闭时16米，开放时32米。花朵中间还有几根花蕊，每天日出时花瓣打开，日落时又自动闭合。

2003年，阿根廷就举行了一次谴责战争、呼吁和平的活动，绘出总长度为2350米的世界第一长卷，打破了2011米的世界纪录，被记入吉尼斯世界纪录。该长卷所作的画都是以和平为主题，目的就是为世界祈求和平，让地球成为祥和幸福的家园。

2008年，阿根廷首都布宜诺斯艾利斯市政府官员宣布，布市政府正考虑使这座南美名城变成不部署军队和进攻性武器的“和平之城”，使之永远免遭战争蹂躏。该市根据相关国际标准，首先申请成为“非战之城”，即城市中没有军队、进攻性武器和兵工厂，然后再申请成为“和平之城”。成为“和平之城”后，布市将不会卷入战争，在任何情况下都不能受到军事攻击。

据介绍，拉美各国军人和学者对《孙子兵法》的关注集中在如何控制战争。许多拉美军人和学者认为，以往多数军事名著都把理论阐述的重点放在如何打赢战争上，而《孙子兵法》则在关注打赢战争的同时又很注意控制战争。阿根廷政府负责人道救援事务的官员加布里称，阿根廷和大部

位于圣保罗的拉丁美洲纪念馆

分拉美国家多年来一直处于没有战争的和平状态，许多拉美城市可以仿效布宜诺斯艾利斯的做法申请成为“和平之城”。

在和平与发展成为世界潮流的今天，越来越多的拉美人开始有意识地运用孙子的“全胜”思想，遏制穷兵黩武的战争行为，提倡用非暴力手段解决国际争端和民族、国家之间长期以来愈演愈烈的矛盾与冲突。智利空军总司令里卡多·奥尔特加·皮埃尔上将在演说中引用了《孙子兵法·九地篇》中的名句，他说，智利对世界的和平和稳定做出了重要贡献。

根据世界经济与和平研究所对世界和平指数的最新评估，2012年，智利排名世界第30位，较去年上升8位，成为拉丁美洲最和平的国家。2011年6月，智利国防部长阿利亚曼德和阿根廷国防部长普里塞利同意建立一支两国和平部队“南十字联合和平队”供联合国使用，在任何情况下为和平而工作。世界经济与和平研究所指出，在日趋和平的国际形势下，拉丁美洲总体来说也越来越和平。在拉美23个国家中，16个国家的评分有所上升。

在拉美不少国家有武器广场，过去是殖民统治者镇压当地人民的地方。如今名称仍用，武器不在，和平鸽在广场上空飞翔，一片祥和的景象。拉美孙子研究学者指出，当前世界范围处于以和平发展为主流的时代，孙子的和平思想对拉美各国具有重要的指导意义。《孙子兵法》所蕴含的“慎战”、“不战”的和平思想，正照耀着分布在31个国家和地区的拉美人民。中国感动拉美，源自和平发展；美丽的拉美崛起，需要走自己的和平发展之路。

俄罗斯上将论从战争文化到和平文化

俄罗斯总参谋部军事科学院院长塞格伊·马卡洛夫上将称，伟大的中国统帅和军事理论家孙子的著作《孙子兵法》，为国家政治中战争与和平的关系奠定了基础，换言之，战争文化与和平文化相互渗透、相互依赖，它们决定了国家和人民的命运。同时，孙子的主要遗产就是“慎战”，尽可能避免战争。

马卡洛夫上将谈到孙子的“四个警告”时说，《孙子兵法》处处强调谨慎和自控的必要性，坚持在没有深入分析局势和自身实力的情况下不可开战。在做出战争决策时切忌匆忙、胆怯、愤怒和仇恨。军队不能打无必要或无准备之仗，必须表现出克制，利用一切手段确保胜利。孙子想要告诉那些做战争决策的人，只有在极端情况下才能在战争中使用这种残酷的手段。因此，他提出一些警告：

第一，“非利不动”。不是对人民有利，就不要采取军事行动。第二，“非危不战”。战争带来不幸，交战带来危险，必须让自己远离灾难和伤害，只有在迫不得已时才可动兵。第三，“主不可以怒而兴师”。因为愤怒而举兵很少有不败的。第四，“将不可以愠而致战”。恼怒可以重新欢喜，怨恨可以重新欢乐，国亡却不能再立，人死也不能复生。

马卡洛夫上将认为，孙子的警世之言中蕴含着伟大的哲理，人类直到20世纪末才开始领悟，开始有了战争文化向和平文化的过渡观。1995年联合国教科文组织大会发表决议指出，“必须确保以和平文化取代战争文化”。第53届联合国大会通过的《和平文化宣言和行动纲领》，提出了从战争文化转向和平文化过渡的综合基础。

在谈到战争文化过渡到和平文化的主要路径时，马卡洛夫上将指出，联合国文件中确定了从战争文化向和平文化过渡的基本路线，这项工作与维护国际和平与安全的活动相关。这些活动包括：以预防性外交和防止冲突的措施作为预防性总体战略的一部分；将预防战争与裁军和军控联系起来；利用军转民能力为建设和维护和平服务；培养预防性外交与和平建设领域的高水平人才；建立政治、经济、社会体系，包括和平文化计划，并让冲突各方积极参与执行计划。

2000年联合国千年峰会通过了一系列旨在消除战争文化、维护和平与安全的措施：强化联合国维和能力，为人道援助、预防性措施制定更加完善的法律和政治机制，彻底完善国际组织的经济制裁，防止其带有不加区分和不合法性，确保其成为惩罚罪恶政府而非实现个别国家狭隘政治利益的手段。

俄罗斯总统普京在2014年5月的圣彼得堡经济论坛上表示，把经济制裁当作政治施压的工具会产生回旋镖效应。他希望人类拥有足够的健全思维，吸取过去的消极经验，以便理解在对话中考虑到相互利益的必要性。

马卡洛夫上将再次引用孙子名言："故不尽知用兵之害者，则不能尽知用兵之利也。"他指出，当前全球化世界一个突出性新元素就是人道安全，它的基本原则是人文关怀。难怪孙子把仁与智、信、勇和严并称为将领应具备的五大重要素质。

俄罗斯总参军事学院院长马卡洛夫上将

将战争文化和暴力文化转变为和平文化是整个国际社会未来长期的战略任务，它要求社会制度和公民个体摆脱在战争和暴力环境下形成的价值观、思维和行为方式，建立推动非暴力社会改革、社会公平和和平文化的价值观、思维和行为方式。马卡洛夫上将强调，因此，孙子对战争的论断在今天仍然具有现实意义："明君慎之，良将警之，此安国全军之道也。"

俄罗斯上校谈《孙子兵法》是和平艺术之书

俄罗斯国防部军事历史研究所外国军事研究部专家维克托·加夫里洛夫上校表示，《孙子兵法》这部诞生于2500多年前的伟大军事经典，不仅在中国的历史上，而且在全世界包括俄罗斯，都占有显赫的地位，受到人们的推崇。《孙子兵法》这一伟大的世界文化遗产，是一部和平艺术之书，可以为国际和平和安全做出贡献。

维克托·加夫里洛夫毕业于苏联军事外语学院，获得博士学位。从1992年至今，在莫斯科军事历史研究所外国军事历史研究部担任部长。他从1975年开始研读《孙子兵法》，当时他在军事外语学院读书时有一个古汉语课程，教材中就有《孙子兵法》。据加夫里洛夫上校介绍，现在在俄罗斯，特别是在俄罗斯武装力量中，研读《孙子兵法》的人越来越多。

他读过《孙子兵法》之后，不仅对孙子十三篇有了深刻的了解，而且产生了浓厚的兴趣。他毕业时做的博士论文中专门写了《〈孙子兵法〉对中国军人的心理影响》一章，导师对他运用的《孙子兵法》观点和材料非常赞赏，给予了很高的评价。

俄罗斯军事历史研究所高级研究员加夫里洛夫

加夫里洛夫上校曾多次参加北京、杭州、苏州和青岛举办的“孙子兵法国际研讨会”，结识了许多中国和世界各国的著名孙子研究专家学者，彼此进行广泛交流。在俄罗斯国防部军事历史研究所副所长图尔科的首肯下，加夫里洛夫上校在所里成立了"孙子兵法五人兴趣小组"，经常开展孙子研讨活动。近几年，小组成员已撰写10多篇有关《孙子兵法》的文章发表在俄罗斯报刊上，产生了一定的社会影响。

早在1889年俄国就翻译出版了《孙子兵法》。加夫里洛夫上校介绍说，1955年，苏联国防部军事出版社出版的《军事艺术史》中说，《孙子兵法》是世界上最早的军事理论著作。这说明《孙子兵法》与俄罗斯乃至苏联有着很长的渊源，产生了很大的影响。被称为世界上最大图书馆的莫斯科列宁图书馆，至今馆藏着俄文版及其他国家翻译出版的10多种《孙子兵法》。

加夫里洛夫上校反复通读过《孙子兵法》俄文版和中文版，能将孙子十三篇的一些段落和警句背诵出来，并对《孙子兵法》有着许多独到和精辟的理解。他认为，《孙子兵法》不只是一部讲述战争艺术的书籍，更是一部讲述和平艺术的书籍。如在《火攻篇》中，孙武说"亡国不可以复存，死者不可以复生"，这是一种人类本性的生命观。有的军事家只是从纯军事上理解《孙子兵法》，而没有从和平意义上去领会《孙子兵法》。

加夫里洛夫上校表示，和平永远高于战争，和平永远比战争好。从战争文化转变到和平文化，是《孙子兵法》的本义。

哈萨克斯坦少将诠释孙子"非进攻性"

哈萨克斯坦国防大学校长阿斯哈特·瑞四帕耶夫少将评价，孙子的战略智慧在现代艺术中具有现实意义，宣传和弘扬中国这位伟大学者、哲学家和军事家的思想，无论是对于现代战争还是社会进步和文明的发展都有很重要的作用和意义。

"孙子的学说具体包括战争和常胜的战争艺术，具有极强的系统性、严谨性和实践指导性。"阿斯哈特少将在这"三性"后面又加了一个"性"：因自然哲学学说为孙子的战略战术论述奠定了基础，这也很大程度上解释了其学说的"非进攻性"。

阿斯哈特少将谈到哈萨克斯坦国防大学教员团队对《孙子兵法》的认知时说，通过对孙子思想深入细致的研究，我们得出一个结论：孙子首先倡导的是一种"非战"的政治。孙子在书中提到，军争为利，军争为危，战争可能导致国破和巨大损失，应力求以"伐谋"、"伐交"的手段解决问题。打破敌人的战略预想和计划，瓦解其盟友，才是善之善者。

哈萨克斯坦国防大学校长阿斯哈特少将

此外，孙子倡导慎战，保持克制。阿斯哈特少将诠释说，孙子对这一思想的论述是，主不可以怒兴师，将不可以以愠而致战。孙子主张通过和平手段解决政治冲突。孙子还讲到，非危不战，明主和良将都要遵循这样的原则，才能达到全国、全军的最高目标。

阿斯哈特少将联系本国的实际，将孙子的学说运用在现代哈萨克斯坦的外交方针中，在国际交往中坚持对话原则，在上海合作组织框架内积极参与构建和推动亚太地区一体化进程。哈萨克斯坦独立后的外交活动和《孙子兵法》所倡导的思想相一致的。

阿斯哈特少将指出，孙子将自己的学说建立在哲学思考上，其主要的思想是仁爱，尽可能地减少战争带来的损失。他写道，要完成任务，需要创造条件使敌人自己放弃发动战争的计划。在有关战争论述中，孙子的防御思想同样让我们瞩目。他写到，真正的防御，并非示弱，而是实力的体现。联想到其有关"不战而屈人之兵"、"伐谋"、"伐交"的相关思想，是孙子留给后世的宝贵遗产，也为哈萨克斯坦所遵循。

哈萨克斯坦的军事政策鲜明地表明，他们在解决政治冲突和矛盾时奉行平等、非战争基础上的防御性国防政策，通过政治外交以及其他非军事手段结束政治冲突和矛盾。阿斯哈特少将认为，应该弘扬孙子非战争的战略，号召现代国际社会对文明、人文和防御政策的有效性、非暴力与对话给予高度关注。

孙子的战争学说是其时代的产物，但是我们从他的思想中看到他已超越了自己的时代。他的思想在现代社会也有极大的意义。如今的世界军事政治形势让我们从另一个角度回顾孙子学说，可以从他不朽的著作中汲取永恒的真理：战争并非解决矛盾的良策。阿斯哈特少将用十分信服的口吻说。

第四章 《孙子兵法》与国家安全

陆克文论“兵者，国际大事”

澳大利亚前总理陆克文在中国孙子兵法研究会举办的九届孙子兵法国际研讨会上演讲时，把《孙子兵法》开篇之句“兵者，国家大事”改为“兵者，国际大事”。

陆克文指出，《孙子兵法》对于我们今天应对地区和全球范围面临的挑战具有重要的现实意义。孙子关于战争与亡国的论断，很好地说明了战争的灾难性后果，指导我们尽最大努力避免战争。

陆克文说，在过去500年的15次新兴大国挑战现有大国的事例中，11次导致了战争。因此，历史教给我们，未来在亚洲维持和平并不容易。但是中国所提的中美“新型大国关系”（没有冲突、没有对抗、相互尊重、共同合作的“双赢”做法）或许可以使我们不再重复20世纪欧洲的错误。

当我们分析《孙子兵法》时，了解其撰写的历史和哲学背景是非常重要的。公元前5世纪初，中国进入了战国时期。在这250年期间，数百个交战的国家最后仅剩七个大国：齐、楚、燕、韩、赵、魏、秦。当然，我们都知道最后的结果：秦国在公元前221年通过军事手段成功实现了统一。

因此，当我们把《孙子兵法》定位在这个历史框架内时，

澳大利亚前总理陆克文

需要看到它是一份指南，在战争是常态的情况下指导政治和军事斗争，承担着维系生存以及获得胜利等任务。正如孙子在《孙子兵法》开篇所说："兵者，国之大事，死生之地，存亡之道，不可不察也。"

尽管如此，《孙子兵法》并不打算成为国家的全面政治哲学，也不打算成为道德哲学教科书。

随着秦国在秦始皇领导下于公元前221年统一中国，法家因而胜出。根据分析，《孙子兵法》比当时其他任何哲学都更接近法家。

对陆克文来说，孙子的作品中最清醒的内容在该书临近末尾处的第十二篇，其写道："亡国不可以复存，死者不可以复生。故明主慎之，良将警之。此安国全军之道也。"

孙子的这些句子值得我们所有人深思。例如，我们应该记得一战对以往欧洲强国的影响。孙子著作的绝大部分是关于如何通过非军事或军事手段在与他国的战争中获胜的。

因此，今天孙子留给我们提出的实际问题是：我们如何保持和平，从而让《孙子兵法》派不上用场？

陆克文表示："我相信我们能够以足够但并非完美无缺的方式涵盖所有国家的价值和利益，并维持和平。否则就只能不可避免地走向冲突和战争。结合当前国际局势，我想引用孙子的一句名言——兵者，国之大事，死生之地，存亡之道，不可不察也。"而进入21世纪，兵者，已成为国际大事。

印度学者用孙子诠释亚太安全

亚太地区是21世纪最具活力的地区，维护亚太安全是亚太地区各国共同的愿望。而亚太安全亦有其深厚的利益基础，《孙子兵法》中“利”的思想可以帮助人们认识亚太安全的利益基础。印度学者如是说。

印度学者拉比在《孙子与发展中国家的国家安全》一文中说，冷战的结束并没有产生一个和平的世界，这已是一个不争的事实。强权政治和少数国家的霸权主义野心使情况更加复杂化。

拉比提出，要努力建立于一个新的世界秩序，以更公正的方式来维护所有国家的安全，促使所有的国家都能够经济繁荣。而要建立一个公正的国际秩序，《孙子兵法》的一些要领直到今天仍是正确的。

正如孙子的智慧所指出的，安全是不可分割的，它需要一种整体的方法。拉比指出，印度正处于一个关键的发展阶段，作为一个拥有10亿人口、处在发展中的亚洲国家，印度最迫切的需要是快速发展。如果这个世纪是“亚洲世纪”，那么印度的发展就是必不可少的一步。

拉比认为，为了达到这一发展目标，印度不仅需要和平的周边环境，而且需要积极的国际环境。20世纪印度的伟人甘地曾把殖民制度下的和平指为“墓地的和平”。现在，我们寻求的不是这样的和平，而是允许占世界人口六分之一的人民自由发展的和平。而且，我们不仅只为印度人民争取这样的和平，还要使这种“和平与发展”的果实惠及所有生活在发展中国家的人民及那些并未分享到好处的发达国家的人民。印度学者称，“利”是《孙子兵法》的核心思想之一。“兵以利动”、“合于利而动，不合于利而止”以及“杂于利而务可信也，杂于害而患可解也”的思想体现了孙子的利益观和战略思想。谋略的筹划与运用皆因“利”而动，决定战争与否要以“利”为衡量的尺度。中国数千年前这一智慧的火花，至今依然闪烁着灿烂的光辉。

肯尼亚上校用孙子思想应对非洲安全挑战

肯尼亚洛基亚上校分析指出，尽管《孙子兵法》被公认为是有关军事战略和战术的伟大著作，但是它所反映的思想可以应用于人类生活的各个领域。非洲所需要的，正是《孙子兵法》明确表达的，即深入的战略分析，制定相应的政策和策略，从而积极应对非洲大陆面临的安全重点和发展挑战。

从战略分析上看，孙子说：“知彼知己者，百战不殆；不知彼而知己，一胜一负；不知彼，不知己，每战必败。”因此，制订有效的战略计划，需要深入了解潜在问题的来龙去脉。由于对这个关键原则理解的偏差，大多数非洲国家的倡议不能实现或只有部分实现，最终导致了战略计划失败。正如孙子所提倡的，需要对安全环境进行深入分析和理解，从根本上找出非洲应对安全挑战的明确方法。

从机动和应对直接挑战上看，非洲大陆面临的安全挑战是现实的，成功解决这些挑战需要综合性的方法。绕过问题或不直接地解决关键性问题可能被曲解为决策瘫痪。正如孙子所言：“军争之难者，以迂为直，以患为利。”在复杂的非洲安全环境中，单一间接（分离）的方法不能像直接的方法那样能保证成功。相反，多方面的、使用多种资源的方法，采用直接和间接或者两者结合的方法可以解决一系列问题。

从战略领导力上看，非洲需要的是功能性的战略领导力，是关于创造力、洞察力、规划并协助相关的机构或组织实现他们的任务，这些能力就是如孙子所主张的“将者，智、信、仁、勇、严也”，这些内容是制定成功战略的先决条件，也是所有的非洲领导人取得成功所必需的品质。

斯里兰卡少将论孙子作战原则在反恐斗争中的实践

2009年5月18日，泰米尔猛虎组织国际关系负责人赛瓦拉萨·帕特马纳坦发表声明证实，该组织领导人普拉巴卡兰确实已被斯里兰卡政府军击毙，猛虎组织剩余成员“愿意放下武器与政府进行对话”。至此，斯里兰卡政府取得了决定性的胜利，持续26年的战争终于画上了句号。

是什么因素让斯里兰卡政府军扭转颓势，彻底打垮猛虎组织？与猛虎组织作战整整26年的斯里兰卡拉里特少将解答，26年间，斯里兰卡政府与泰米尔猛虎组织先后打了四场战争，前三场以失败告终，第四场则获得完胜。这让跟猛虎组织交手1000余次的拉里特少将非常感慨。

斯里兰卡军人在街头执勤

拉里特少将说，斯里兰卡战地指挥官广泛使用《孙子兵法》，在军官的战地日志中随处可见《孙子兵法》的名言警句，他本人特别关注的是兵法中的战略谋划、军力部署、强弱变化、机动和战术变化、地形运用等。在这次决胜战争中，由于及时发现了猛虎组织的弱点，避实就虚发起攻击。比如说以往与猛虎组织作战时，政府军往往是夺占他们的据点，然后进入丛林与他们交手，结果损失惨重。现在军队根据自身长处，对敌人的据点采取分割包围，尽可能避免丛林作战，从而发挥他们的炮火优势。这其实是《孙子兵法》的具体运用。

斯里兰卡现任海军少将卡皮亚勒也介绍说，泰米尔猛虎组织在20世纪70年代后期开始活动，刚开始仅为叛乱组织，后来转变为恐怖组织，具有在陆、海、空和海底的作战能力。在过去的20多年里，《孙子兵法》在斯里兰卡反恐斗争中得到了实际应用，作战双方分别是泰米尔猛虎组织和斯里兰卡武装部队。

斯里兰卡现任总统拉贾帕克沙任职之初，就考虑到“道、天、地、将、法”这五种基本因素。鉴于他的总统领导力和军中任职经历，人们义无反顾地追寻他，不惧任何危险。就天气而言，东北季风和西南季风使国家降水丰富，是作战计划考虑因素的一部分。就地理情况而言，要考虑丛林、开阔地、山地和海岸等地形。总统亲自选定陆、海、空指挥员，他们智慧、有勇气，熟悉这五个基本因素，因而才能够取得最后胜利。

卡皮亚勒少将也结合自己的亲身经历讲述了孙子“攻其不备，出其不意”这条作战原则的应用。1990年，他在指挥海军潜水部队时，被赋予的一项任务就是清除一片泰米尔猛虎组织布置的雷区。原计划是先期勘察地形，凌晨三点在码头的另一侧二海里处待命。突然，他注意到一片乌云从我方向雷区移动，凭借经验，知道一场持续数小时的暴雨将至。于是，他立即改变命令，让自己的下属跳上船，在暴雨的掩护下向预定地点开进。最后，在没有敌人发现的情况下成功完成任务。后来在雷区抓到一名敌方布雷手，他承认当时正在装置导线，准备一旦有斯里兰卡武装部队海军接近雷区，就引爆地雷，但没有想到军队会提前行动。卡皮亚勒少将欣慰地说。

厄瓜多尔上校论孙子在打击贩毒走私中的应用

厄瓜多尔阿尔瓦雷斯上校说，无论时间如何流逝，我们认为，《孙子兵法》作为战略和战术方面的伟大著作，在打击毒品贩运和走私的斗争中有着重要的实际应用意义。

阿尔瓦雷斯上校表示，贩毒、走私和恐怖主义等活动在现代社会不断巩固和加强，被认为人类的一大公害，它们和全球化面临的其他新挑战一起，是让各国民众闻之色变的犯罪行为。各国政府已经采取了有针对性的重大经济和军事行动，以应对这场没有尽头的非对称战争。

孙子认为，在决定敌我双方战争成败的七种情况中，必须确定君主是否政治清明。在对打击犯罪组织的斗争中，事实证明，在应对非传统威胁过程中，那些具有坚定果断政策的领导者在实践中获得的成效和进步更大。

阿尔瓦雷斯上校举例说，哥伦比亚总统乌里韦和墨西哥总统卡尔德龙的实践证明，在政治上，法制因素可以为行动提供重要的法律支持。此外，高层的领导力非常重要，因为他们要承受犯罪组织的腐蚀压力，并具备高度的爱国主义情感。

孙子认为，形是军队强大实力的体现。强者胜，弱者败，这是因为力量决定主动权。打击犯罪组织的斗争，无论在作战能力还是情报能力方面，都需要训练有素和装备精良的部队，以期处于不可战胜和不可预知的地位。

阿尔瓦雷斯上校指出，将以上这些力量整合在一起，成为强大军事能力的重要部分，得到国家所有机构的支援，目的在于控制和铲除贩毒活动的不同阶段，例如种植、加工、配送等。以墨西哥“保卫韦拉克鲁斯”行动为例，这一行动将整个城市完全实施军事化。

丹麦学者论中国用《孙子兵法》在亚丁湾打击海盗

“孙子‘不战而屈人之兵’的谋略不仅运用在军事战场上，而且运用在亚丁湾打击海盗上。”丹麦皇家防务学院副教授莉斯罗特·奥德加德说，孙子的这一主张与中国当前的共存策略一致，因为这一策略通过减少会导致战争的冲突，确保中国能持续和平崛起。

奥德加德阐述说，中国认为海盗威胁其经济与社会发展，参与反海盗行动对于中国十分重要，这能够保护其国家利益，表达中国对全球安全与稳定这一共同利益的关切。2008年12月，中国部署两艘驱逐舰和一艘补给舰参加国际舰队，为索马里海域民用船只护航，这标志中国军舰第一次在中国海域以外进行巡航。

丹麦皇家防务学院副教授奥德加德

中国参加“共享共识，降低冲突”会议，这反映中国在反海盗行动上有限参与国际互动，实现有效协调，在打击海盗时消除军事资源和行动的冲突。奥德加德表示，中国强调打击海盗国家以及地区性组织能力，认为有必要通过战胜贫困以及经济和社会发展来从根本上铲除海盗。中国提供资金以及能力支持，帮助有海盗问题的国家和地区自救。

奥德加德说，中国遵循孙子的教诲，倾向于不使用武力，不愿意使用进攻部队打击海盗，由此，其军事行动重点主要是在海上采取防御性和遏制性的措施，以及帮助联合国所支持的地区组织开展维和以及稳定行动。打击海盗的后勤补给基地、消灭海盗船只等行动，都超出了中国军队的行动范围。2008年12月，中国除了保护和营救中方船只外，还保护了四艘联合国世界粮食计划署船只和2455艘外方船只，为28艘外方船只或驱逐海盗或解救人员提供帮助。

中国军队的装备高度现代化，向其他参与反海盗行动的国家展示了一种姿态，展示其现代化海军能够遏制对其利益构成威胁的国家。奥德加德称，这就是孙子的“不战而屈人之兵”。在非洲大陆上，中国不参与为防止海盗走向海洋而开展的进攻性军事行动，而是支持由当事国和联合国组织的反恐行动，理由是恐怖主义与海盗相互勾结。

为应对陆上直接的安全威胁，中国支持非盟驻索马里特派团，打击基地组织伊斯兰武装组织——索马里青年党，这一行动还得到了索马里国防军的支持。奥德加德用实例和数据说明，截至2011年，中国已提供220万美元支持非盟驻索马里维和行动，还提供78万美元帮助乌干达和布隆迪购买后勤物资，支持两国参与索马里特派团。此外，中国与埃塞俄比亚、肯尼亚以及吉布提进行了军事合作，因为这些国家对非盟驻索马里特派团贡献很大。

奥德加德评价说，中国广泛与其他国家进行协调，在社会进步和经济发展、联合国支持的地区性反恐行动方面进行了支持。中国还支持联合国主导的框架，通过长期能力建设来根除海盗。中国在亚丁湾的共存策略也转而得到了国际社会合法性认可。所有这些，都体现了中国在亚丁湾打击海盗上运用《孙子兵法》的智慧。

英学者用《孙子兵法》审视美“反恐战略”

英国伦敦经济学院国际关系专业高级讲师克里斯多佛·柯克博士以《孙子兵法》为理论基础，对美国正在进行的“反恐战争”进行了审视，分析了美国“反恐”战略的得与失，并以史为鉴对美国“反恐战争”扩大化的倾向提出了警告。

柯克认为，孙子是古代第一个形成战略思想的伟大人物，他以中国古代特有的理性思辨眼光，对战争规律做了哲学化的诠释，其许多思想历经2500余年而经久不衰、历久弥新，他的大部分观点在当前环境中仍然具有和当时同样重大的意义。

柯克比较说，西方侧重的是最大限度地使用武力或决定性的交战，过高估计人们控制其战争欲望的能力，这种欲望容易发展成为血腥的不可控制战争。与西方文化不同的是，中国强调战争是“不得已而为之”的产物，战争需要付出生命，是一种扰乱社会和谐的灾难，基于任何目的的战争都被认为是具有内在危险性的，一旦爆发就必须认真地对待，但要最小限度地使用武力。

《孙子兵法》是一部哲学著作，与许多哲学著作一样，其精义是隐藏在字里行间的。柯克以孙子经典格言“不战而屈人之兵，善之善者也”为例，这句话的宗旨是为了将战争限制在一定的范围之内。孙子阐述的哲学观点，是采取经济、社会和政治行动，而不采取军事行动，也就是所谓“上兵伐谋，其次伐交，其次伐兵，其下攻城”。换言之，在所有其他方法都不奏效的情况下才要选择起兵进攻敌方。

据称，伊拉克战争前夕，美军于圣诞节前下发了10万册书以教育部队，其中就有《孙子兵法》。柯克说，在“反恐战争”中，《孙子兵法》很可能是最重要的教材之一。“善守者，藏于九地之下；善攻者，动于九天之上。”孙子的这句话准确地描述了阿富汗战争时双方的情况，美方主要在第三维空间作战，恐怖分子则转入地下。

柯克指出，在当前的“反恐战争”中，美国人并不认为最需要的是节制，相反，美国的交战对象已经由“有全球影响的恐怖分子”发展为“恐怖分子”，并进而发展到现在的“全球恐怖主义”。在军事领域，承诺要确保美国的影响“不仅要延及全球，而且要长期保持下去”。

而孙子最担心的就是战争的升级。柯克阐述道，因为战争升级的结果往往不是全胜，而是大败。即使是全胜，军队也已经疲劳不堪了，很容易遭到第三方的攻击，不能维持既得的和平。正如《孙子兵法·作战篇》所言：“夫兵久而国利者，未之有也。”战争结束得越快，国家就越能保存强大的力量，以备其他战争。

柯克回顾，从1870年的普法战争到1914年的第一次世界大战和1940年的第二次世界大战，战争的破坏性越来越大，形成了一个恶性的战争循环。西方非常清楚战争升级所带来的问题，在付出沉重代价之后，他们才认识到，确保战争胜利的唯一可行的办法就是处于较好的安全状态。在新时代后期，战争具有巨大的毁灭性，确保和平的一个办法就是对战争胜负超越传统的理解。

柯克分析说，在“反恐战争”中，彻底击败基地组织无疑是应该追求的目标，但是要想击败恐怖主义，即使是仅仅击败伊斯兰恐怖主义，也是一个难以实现的目标。一种较好的安全状态就是与伊斯兰世界共存，而不是要彻底改变其政权。即使是那些被认为是恐怖主义温床的国家，也应该鼓励他们自己解决问题。确保反恐战争胜利的唯一可行的办法就是“超越”战争本身，并确保这场战争不会演变成为一场反伊斯兰战争。

美国人应从《孙子兵法》借鉴的最后一点是“战胜而天曰善，非善者之善也”。在美国士兵阅读《孙子兵法》所学到的所有教训中，“这一条应该是最重要的”。柯克如是说。

美籍华人略论《孙子兵法》危机智慧

“9·11”事件是发生在美国纽约的人类有史以来最大规模的恐怖事件，造成了全球性的危机，至今还在持续发酵中。中国孙子兵法研究会理事、美籍华人许巴莱博士感叹，30多年来，世界又经历了多少次战争？人类又度过了多少次危机？《孙子兵法》在危机处理方面的谋略，仍然适用于2500年后的今天。

许巴莱祖籍安徽合肥，1952年生于台湾台南。他在努力学习现代科技的同时，研读《孙子兵法》《周易》《素书》《阴符经》、中医理论以及桐城派古文法。他以第一名的优秀成绩考取公费留学赴美进修，获得美国密西根州立大学系统工程博士、运筹学硕士、计算器工程硕士、企业管理硕士。加入美国国籍以后，当选北美洲移动通信网络标准委员会主席，并成为美国出席联合国国际电联在日内瓦的谈判代表。

在美国商学院，许巴莱潜心研究“国际谈判的模式与技巧”，对《孙子兵法》“不战而屈人之兵”的实务操作体会尤深。通过实践，他练就了中西合璧、纵横捭阖的国际谈判技巧。在旅美期间，他虽然从事高科技研发与投资管理工作，但一直随身携带着几本发黄了的哲学与兵法古籍，不遗余力地推广与普及中国文化，曾在纽约、华盛顿特区、丹佛等大都会向科技界、教育界、工商界人士授课，介绍易经与中国古代兵法。

许巴莱认为，《孙子兵法》无论是作为世界军事宝典还是人类智慧之书，完全能够运用在处理恐怖和危机事件上。孙子提倡“不战”、“慎战”、“智谋取胜”，是战略家所能达到战略目标的最高境界。运用《孙子兵法》处理危机，靠的不是武力，而是智慧。运用谋略和谈判，保持各国之间既竞争又合作的关系，避免动辄发动战争，维护国际社会的和平与安全，是防止和避免恐怖活动滋生和蔓延的有效途径。

孙子在《谋攻篇》中说："上兵伐谋，其次伐交，其次伐兵，其下攻城。""9·11"事件发生前，强国与弱国发生冲突时，强国是以绝对优势的空军，轮番攻击弱国的城市与设施，用的是"其下攻城"的下策。在"9·11"事件发生后，强国再次出兵攻打另一个支持恐怖分子的国家，也是用了下策。在无法有效地消灭恐怖组织的情况下，强国才展开一连串的外交斡旋活动，以争取国际支持。这些攻城举措，严重违背了孙子处理危机的原则。

孙子在《用间篇》中说："非圣智不能用间，非仁义不能使间，非微妙不能得间之实。"孙子非常重视用间，特别强调用间的重要性。恐怖活动带来的新的危机，令全世界为之震惊。然而，恐怖活动有许多前期动作，有许多蛛丝马迹，具有情报优势的强国居然毫无察觉，不能不说是在用间上的严重失策。具有讽刺意义的是，在"9·11"事件发生的前几年，恐怖分子的首脑还接受过被攻击国家的特种作战培训。

许巴莱指出，如果遵循孙子《谋攻篇》"上兵伐谋，其次伐交"的原则，可能恐怖分子还不至于要用这种非常激烈的恐怖手段来抗争，结果"反恐反恐，越反越恐"；如果按照孙子《用间篇》"故明君贤将，能以上智为间者，必成大功"的教诲，提前部署好用间，也可以事先获得预警，而避免造成如此重大的伤亡；如果国际社会的成员都能遵循孙子"慎战"思想，能够把谋略作为上策，而不要一味通过武力来解决争端，也能有效控制恐怖活动的蔓延。

我们应该学习伟大军事家孙子那超越时空的危机处理智慧，体会孙子高超的思想内涵，以严谨的态度研读《孙子兵法》，以审慎的心情实践危机处理的原则。每每读到那句"兵者，国之大事，死生之地，存亡之道，不可不察也"，就仿佛听到时光隧道中世界"兵圣"在大声疾呼，这个声音萦绕在心中，久久不能释怀。许巴莱动情地说。

美国应正确理解孙子原则指导反恐

记者来到被摧毁后重建的纽约世贸中心，这是纽约市最高、楼层最多的摩天大楼。在“9·11”恐怖袭击事件中，两幢110层摩天大楼在遭到恐怖分子攻击后相继倒塌。时隔12年后，在世贸中心纪念馆前，摆满了悼念亡故者的相片、书信、花束，街头艺术家演奏的歌曲传递着悲伤，抚慰当时无辜死去的灵魂。

谈到恐怖袭击，美国人至今心有余悸：1993年2月26日，世贸中心被伊斯兰极端分子在地下室放置炸弹，导致6人死亡，1000余人受伤，并且炸出一个30米的大洞；2001年9月11日，世贸中心被以本·拉登为首的“基地”组织策划的恐怖袭击所炸毁，2979人丧生。

“9·11”事件发生后，指挥中央情报局特工在阿富汗秘密作战的“神秘特工”亨利·克伦普顿走向台前，正式出任美国务院反恐协调员，主要致力于美情报机构的整合以及美与其他国家反恐合作的工作。克伦普顿称对其情报思维影响最大的人是中国古代军事战略家孙子，他在反恐战争中使用的手段借鉴了孙子“不战而屈人之兵”的理念，以《孙子兵法》指挥反恐。

为了消除恐怖威胁，美国由局部的反恐军事行动发展到全面的反恐战争。2001年以美国为首的联军在阿富汗发动了名义上的第一场反恐战争，此后美国发动的伊拉克战争仍然以与反恐有联系为据。

据称，伊拉克战争前夕，美军于圣诞节前下发了10万册书以教育部队，其中就有《孙子兵法》。西方学者称，作为世界军事文化遗产和中国古代兵法圣要，孙子的一些重要原则同样对当代反恐战争具有非常重要而现实的指导意义，《孙子兵法》很可能是反恐战争最重要的教材之一。

“善守者，藏于九地之下；善攻者，动于九天之上。”西方学者说，孙子的这句话准确地描述了阿富汗战争时双方的情况，美方主要在第三维空间作战，恐怖分子则转入地下。美国媒体曾尖锐地指出，假如美国军方能够充分理解和运用《孙子兵法》中“践墨随敌”的军事思想，根据对手的变化调整战术，那阿富汗战争可能早就结束了。

前总统布什曾宣称，反恐战争是一场没有期限的战争。在当前的“反恐战争”中，美国的交战对象已经由“有全球影响的恐怖分子”发展为“恐怖分子”，并进而发展到现在的“全球恐怖主义”。在军事领域，承诺要确保美国的影响“不仅要延及全球，而且要长期保持下去”。

布什的反恐扩大化，受到了美国反恐问题专家丹尼尔·本杰明的质疑：“美国的反恐战争在战术层面的某些领域做得还不错，但在战略层面上却一直摇摆不定。更为糟糕的是，布什政府的某些政策，从长远来看，使得恐怖主义威胁更为严重。”

英国伦敦经济学院国际关系专业高级讲师克里斯多佛·柯克博士以《孙子兵法》为理论基础，对美国正在进行的“反恐战争”进行了审视，分析了美国“反恐”战略的得与失，并以史为鉴对美国“反恐战争”扩大化的倾向提出了警告：美国人应从《孙子兵法》借鉴的最后一点是“战胜而天曰善，非善者之善也”。在美国士兵阅读《孙子兵法》所学到的所有教训中，“这一条应该是最重要的”。

西方孙子研究学者认为，恐怖活动是反人类的，反恐需要国际社会和全人类共同应对，美国应正确理解孙子原则指导反恐战争。《孙子兵法》所提供的“非战”、“慎战”、“五事”、“七计”等重要原则，在当今反恐战争中仍不可不察、不用。否则，反恐战争将走上一条不归路，陷入“愈反愈恐”的怪圈。

被摧毁后重建的美国世贸中心

波兰少将论孙子思想与新安全领域

“孙子的思想理念在当今诸多领域尤其是新安全领域仍是适应的。”波兰国防部部长助理、国防大学前校长波格斯洛·帕采克少将指出，进入21世纪以来，我们面临的情况是新安全领域和新安全挑战。其原因不仅是科学技术的变革，而且在于现存威胁的特征以及未来全球安全环境面临的挑战。

2013年，波兰政府首次颁布出版了《波兰共和国国家安全白皮书》，书中分析了波兰安全形势，预测了其变化，并回答了如何在不断变化的条件下确保安全这一问题。此书是波兰国防大学运用《孙子兵法》团队共同努力的结晶。

波兰国防部部长助理国防大学前校长帕采克少将

帕采克少将强调，安全涉及国家和社会功能的许多层面，包括军事、非军事、经济和人口安全。这使他想起白皮书中有孙子思想的印记。《孙子兵法》所探讨的战略具有广泛意义，书中不仅概括了作战理论，还强调了外交、发展同他国关系等手段对国家安全的重要性。

在诠释新安全领域时帕采克少将说，新的安全环境中出现了许多新的概念定义：地缘政治、地缘战略、地缘经济。在这种情况下许多事情都在同时发生。我们不可能找出影响当前安全环境的全部因素，探讨这一问题时我们可能只着眼于冰山一角。为了挖掘更多的信息，我们可以提出许多问题，诸如：安全领域的新行为体有哪些？新的安全威胁有哪些？如何找到应对之道，建立互信、增加了解，迈向战略互信？

帕采克少将又将话题转向孙子："这就要从孙子的角度看新安全领域行为体的新角色。"孙子是伟大思想家、军事家，他的兵法对处理现代战争问题的人，以及影响全世界经济、政治、军事的人来说都是必读的。帕采克说，最近发生在许多地区的一系列事件让他想到孙子所说的"要立于不败之地，而不失敌之败也"。

我们所处的时代全球大规模冲突的威胁远未消除。新现象、新问题和新事件的出现深刻影响着未来国际稳定的创造和维持。帕采克少将展开说，这些现象包括各种经济、社会、政治、民族危机，政治动乱和失败国家，跨国有组织犯罪，大规模杀伤性武器扩散，恐怖主义，民族冲突等。这些现象并不像以前那样只限于某个国家和地区，因此一个国家不再可能单靠一己之力就能有效维护自身安全。这些现象和威胁相互交织，涉及多个层面，它们的发生通常都有一定的系统性。

帕采克少将分析说，现存的境外威胁以及政治等方面的潜在挑战会引发经济和意识形态领域的挑战，而后者又会导致国内危机的产生，从而彼此关联形成连锁反应。对此，要运用孙子的智慧与谋略，作战实施能力目前主要针对远端领土的防御，此外要拓宽与地方社会环境及任务区内其他行为体的合作能力，从而找到一条能够统筹特定国家或衰落国家再发展的渠道。

"还要从孙子视角与波兰武装部队的作战经验的角度看如何提高作战效率。"帕采克少将引用孙子警句"识众寡之用者胜"，意思是：懂得在什么情况下可以打和在什么情况下不能打的人会胜利，懂得根据兵多兵少运用不同战法的人会胜利，官兵同心同德的军队会胜利，用自己的有准备来对待敌人的无准备的一方会胜利。历来战争胜负，不在攻城略地之多少，而在人心向背之众寡。

大马学者论《孙子兵法》在现代安全上的运用

马来西亚防务与安全研究所研究员林强尼认为,《孙子兵法》在西方传播,由于把它与克劳塞维茨等西方战略家等同为关于冲突与战争的学说,因而难以完全传达其基于特定安全背景下的意蕴和影响。当前安全领域会发生怎样的战争?孙子思想适用于所有情况吗?政治领导人是运用孙子的思想还是跟敌人形成针锋相对之势?当我们享有和平之时,试问,何种类型战争能与孙子的教诲相联系?有限战争,非战争行动,还是网络战争?

这位研究防务与安全的大马资深研究员提出,当前,亚太地区安全威胁性质正在发生变化,来自常规武装和政权的威胁几近消失,我们正在面临各种非政府武装造成的威胁。这些非传统安全威胁形式多样,神鬼莫测,使追踪和打击变得更为复杂。历史遗留问题及殖民主义残余问题都可能引发冲突。政治安全、非政府武装的影响、全球恐怖主义、跨国犯罪以及网络安全威胁几乎每天都在发生,常常令政府猝不及防。

林强尼回顾,马来西亚的安全政策影响可以从1948年至1960年的第一次叛乱和1968年至1989年的第二次危机中反映出来。平息叛乱、控制局势,成了马来西亚安全政策最重要的战略原则。在这一过程中,孙子的一些原则和名言被证明是有用的。《孙子兵法》有云:"夫兵久而国利者,未之有也。"意思是说,从来没有过持续用兵作战而对国家有利的,穷兵黩武必然会造成国力衰弱。

只有在互惠、信任和影响的基础上实行社会互动,采取集体行动,才能帮助马来西亚多民族社会继续保持活力。林强尼介绍说,在安全与发展方面,政府采取多方措施,以加强和保护社会,不受颠覆、无序和叛敌之害。孙子赢得民心这一理念至今仍被广泛应用于马来西亚安全和国家建设的方方面面，通过“全国蓝海战略”以及其他安全行动加以实施。

林强尼强调指出，由非国家行为体发动的非传统方式的威胁，可能在最意想不到的时刻发生，而且未来也不能避免这种威胁。孙子有名言“知彼知己，百战不殆”。虽然并非所有极端分子都会导致恐怖主义的发生，但所有恐怖主义行为都是被极端分子煽动的，这是“知彼”；东盟合作框架和马来西亚军队实施的各种防务合作项目在现在安全环境下是可行的，这是“知己”。

马来西亚防务与安全研究所研究员林强尼

《孙子兵法》在当代及未来安全领域都仍然适用，需要各国运用孙子的智慧在东盟框架内继续进行接触和合作。在战略上，必须有强大和成功的东盟，马来西亚在2015年成为东盟轮值主席国，并有可能被纳入联合国安理会，东盟共同体安全支柱也已到位。多个东盟安全框架——东盟地区论坛、东盟防长会、东盟防长扩大会等都为合作和消除紧张态势提供了必要的平台。马来西亚的国防合作项目促进了防务外交，提供了战略平台以应对安全挑战。林强尼透露说。

图书在版编目（CIP）数据

《孙子兵法》与世界和平 / 韩胜宝主编. — 苏州：古吴轩出版社，2016.5
（孙子兵法全球行系列丛书）
ISBN 978-7-5546-0671-1

Ⅰ. ①孙… Ⅱ. ①韩… Ⅲ. ①《孙子兵法》—应用—国家安全—通俗读物 ②《孙子兵法》—应用—外交战略—通俗读物 Ⅳ. ①D035.3-49 ②D820-49
中国版本图书馆CIP数据核字（2016）第077811号

责任编辑：洪　芳
见习编辑：蔡时真
装帧设计：杨　洁
责任校对：陆九渊
责任照排：刘　浩

书　　名：《孙子兵法》与世界和平
主　　编：韩胜宝
出版发行：古吴轩出版社
地址：苏州市十梓街458号　邮编：215006
Http://www.guwuxuancbs.com　E-mail:gwxcbs@126.com
电话：0512-65233679　传真：0512-65220750
出 版 人：钱经纬
印　　刷：苏州市大元印务有限公司
开　　本：787×1092　1/32
印　　张：5.25
版　　次：2016年5月第1版　第1次印刷
书　　号：ISBN 978-7-5546-0671-1
定　　价：37.00元

如有印装质量问题，请与印刷厂联系。0512—68618609